学校運営協議会の導入による
学校教育の改善過程に関する研究

大林正史 著

大学教育出版

学校運営協議会の導入による
学校教育の改善過程に関する研究

目　次

序　章　研究の目的 …………………………………………………………… *1*

第 1 節　学校運営協議会制度の概要と趣旨　*1*

第 2 節　問題の所在および研究の目的　*5*

第 3 節　概念の定義　*7*

（1）学校経営参加機関　*7*

（2）地域運営学校　*7*

（3）学校教育の改善　*8*

（4）ソーシャルキャピタル　*8*

第 4 節　各章の構成　*9*

第 1 章　学校経営参加機関と学校教育の改善に関する先行研究の検討

………………………………………………… *11*

第 1 節　学校運営協議会に関する先行研究の検討　*11*

（1）新しいタイプの公立学校運営の在り方に関する実践研究指定校に関する研究　*11*

（2）保護者や地域住民がその意向を学校経営に反映させることに関する研究

13

（3）学校運営協議会に関する量的調査研究　*14*

（4）学校運営協議会に関する先行研究の成果と問題点　*15*

第 2 節　英語圏における学校経営参加機関と学校教育の改善に関する先行研究の検討　*17*

（1）英語圏における自律的学校経営の展開と学校経営参加機関の設置　*17*

（2）自律的学校経営の仕組みによる学校教育の改善　*18*

（3）「学校の定義」の問い直しによる学校教育の改善　*19*

（4）ソーシャルキャピタルの蓄積による学校教育の改善　*20*

（5）英語圏における学校経営参加機関と学校教育の改善に関する先行研究の成果および問題点　*22*

第 3 節　学校経営参加機関と学校教育の改善に関する先行研究の成果と問題点　*23*

目　次　*iii*

第２章　研究課題および研究方法 …………………………………………*27*

第１節　研究課題　*27*

第２節　研究手法　*29*

（１）　各研究課題における研究手法　*29*

（２）　小学校を対象とした理由　*30*

（３）　質的データ分析で使用するソフトウェアおよびそれを採用した理由　*31*

第３節　調査研究のプロセス　*32*

（１）　量的・質的調査により当初の仮説が棄却された段階　*33*

（２）　質的調査により仮説を生成する段階　*34*

（３）　生成された仮説を量的調査の分析で検証する段階　*35*

第４節　研究方法論上の位置づけ　*36*

（１）　本研究の「世界的視野」　*36*

（２）　本研究の調査研究デザイン　*37*

（３）　混合研究法の類型における本研究の位置づけ　*38*

第３章　学校運営協議会における活動と地域運営学校の成果認識の実態

………………………………………………… *41*

第１節　目　的　*41*

第２節　方　法　*42*

（１）　調査の概要　*42*

（２）　分析方法　*45*

第３節　学校運営協議会における活動の実態　*45*

（１）　教員の認識による学校運営協議会で重視されている活動　*46*

（２）　学校運営協議会委員が意見を反映させる程度　*46*

（３）　学校運営協議会委員が携わっている活動　*49*

（４）　先行研究と共通した質問項目の比較　*51*

（５）　学校運営協議会の活動に関するまとめと考察　*53*

第４節　地域運営学校の成果認識の実態　*55*

（１）　教員による地域運営学校の成果認識　*55*

（2）学校運営協議会委員による地域運営学校の成果認識　*57*

（3）先行研究と共通した質問項目の比較　*59*

（4）地域運営学校の成果認識に関する考察　*60*

第4章　学校運営協議会における活動と地域運営学校の成果認識の関連

……………………………………………………… *63*

第1節　目　的　*63*

第2節　方　法　*65*

（1）調査の概要　*65*

（2）分析方法　*66*

第3節　教員の認識における学校運営協議会で重視されている活動が地域運営学校の成果認識に及ぼす影響　*67*

（1）因子分析　*67*

（2）下位尺度の記述統計と下位尺度間の相関関係　*72*

（3）重回帰分析　*74*

（4）考　察　*75*

第4節　学校運営協議会委員の認識における委員の行動が地域運営学校の成果認識に及ぼす影響　*77*

（1）因子分析　*77*

（2）下位尺度の記述統計と下位尺度間の相関関係　*82*

（3）重回帰分析　*84*

（4）考　察　*85*

第5節　本章のまとめと考察　*88*

第5章　学校運営協議会の導入による学校教育の改善過程

── B小学校を事例として ── ……………………………………*93*

第1節　目　的　*93*

第2節　方　法　*95*

第3節　B小学校における学校運営協議会導入による学校教育の改善

　　　　　　　　　　　　　　　　　　　　　　　　　98

　第4節　B小学校のスクールヒストリー　*101*

　第5節　B小学校のスクールヒストリーの分析と考察　*106*

第6章　学校運営協議会の導入による学校教育の改善過程
　　　　― A小学校を事例として ― ……………………………… *111*

　第1節　目　的　*111*

　第2節　方　法　*112*

　第3節　A小学校における学校運営協議会導入による学校教育の改善

　　　　　　　　　　　　　　　　　　　　　　　　　　114

　第4節　A小学校のスクールヒストリー　*116*

　（1）　近隣の学校と連携した新しい教育活動の創造　*117*

　（2）　学校評議員による学校の定義の問い直し　*118*

　（3）　学校運営協議会導入の動機　*120*

　（4）　教員と委員間のネットワーク形成を目的とした「実働」の実施　*121*

　（5）　学校運営協議会における学校の定義の問い直し　*123*

　（6）　教員と委員間のネットワークの弱化　*124*

　第5節　A小学校のスクールヒストリーの分析と考察　*126*

第7章　学校運営協議会の導入による学校教育の改善過程の比較分析

　　　　　　…………………………………………… *131*

　第1節　目的と方法　*131*

　第2節　B校とA校のスクールヒストリーの共通点　*131*

　第3節　B校とA校のスクールヒストリーの差異点　*133*

　第4節　考　察　*136*

終　章　本研究の結論と今後の課題 ……………………………… *140*

　第1節　各章の分析結果　*140*

　第2節　総合的考察　*149*

（1） 学校経営参加機関が学校教育の改善に影響を与える過程に関する３つ
の理論に関する考察　*149*

（2） 学校運営協議会の導入による学校教育の改善過程に関する組織論的考察
153

第３節　本研究の理論的・実践的示唆　*154*

（1） 理論的示唆　*154*

（2） 実践的示唆　*159*

第４節　今後の課題　*162*

引用・参考文献 …………………………………………………………… *163*

本論文を構成する研究の発表状況 ……………………………………… *169*

資　料　第３章・第４章で用いた調査用紙 …………………………… *171*

あとがき……………………………………………………………………… *196*

学校運営協議会の導入による
学校教育の改善過程に関する研究

序　章

研究の目的

　「近年の学校経営改革の一環である学校運営協議会制度の導入は、学校において児童のための新たな教育活動を生み出すのか。生み出すとすれば、それはいかなる過程を辿るのか」

　これが本研究の基本的関心事である。この関心に従い、本研究は、学校運営協議会の導入による学校教育の改善過程を明らかにすることを目的とする。
　本章では、まず、第1節で、本研究の主たる対象である学校運営協議会制度の概要を紹介し、同制度の趣旨を検討する。第2節では、問題の所在および研究の目的を示す。第3節では、本研究で使用される概念の定義を行う。第4節では、本研究の構成を示す。

第1節　学校運営協議会制度の概要と趣旨

　学校運営協議会は「保護者や地域住民の中から教育委員会に任命されるメンバーで構成される合議体の組織」である。2004年に中央教育審議会が「今後の学校の管理運営の在り方について」を答申し、同年9月に地方教育行政の組織及び運営に関する法律が改正され、学校運営協議会は制度化された。保護者や地域住民以外のメンバーとして、学識経験者や当該学校の教員が想定されている。2012年4月現在、学校運営協議会は全国で1,183校に設置されている。
　学校運営協議会制度に似た制度としては、学校評議員制度がある。学校評議

員は、2000年1月に学校教育法施行規則の改正により創設された制度である。学校評議員は、学校運営協議会のような合議制の機関ではなく、一人ひとりがそれぞれの責任において校長に意見を述べることができる。また、学校運営協議会は、校長の求めによらなくても、学校経営について意見を述べることができるが、学校評議員は、校長の求めに応じて学校運営に関し意見を述べるものであり、どのような事項について意見を求めるかは校長が判断する。つまり、学校評議員の有している権限は、学校運営協議会委員のそれよりも弱い。なお、学校評議員が制度化される以前には、保護者や地域住民が学校経営に関与する公式な機関は存在しなかった。

　ここでは、学校運営協議会制度の趣旨を捉えるため、地方教育行政の組織及び運営に関する法律に規定された学校運営協議会の権限や、中央教育審議会答申「今後の学校の管理運営の在り方について」において学校運営協議会に対して期待されている役割、およびその効果について検討する。

　地方教育行政の組織及び運営に関する法律第47条の5によれば、学校運営協議会は、①校長が作成した学校運営の基本的な方針を承認する、②学校の運営について、教育委員会や校長に対して意見を述べる、③学校の職員の人事について、教育委員会に対して意見を述べるといった権限を有するとされている。

　同法の施行に先立つ中央教育審議会答申「今後の学校の管理運営の在り方について」第2章2（2）イには、学校運営協議会の役割が記されている。そこには、「学校運営協議会の役割としては、（ⅰ）学校における基本的な方針について決定する機能、（ⅱ）保護者や地域のニーズを反映する機能、（ⅲ）学校の活動状況をチェックする機能が考えられる」と記されている。

　上記の法律や答申の記述から、学校運営協議会の役割を次のように言い換えることができると考える。学校運営協議会の役割は、校長が作成する学校運営の基本的な方針を承認し、学校運営や人事に関する意見を教育委員会や学校に述べることを通して、保護者や地域住民のニーズを学校運営に反映させ、学校の活動をチェックすることである。

　では、学校運営協議会がこのような役割を果たした結果、どのような効果が

想定されているのだろうか。同答申第2章1は、「地域が公立学校の運営に参加することの意義について」と題されており、地域住民が学校運営に参加した結果、想定される効果について、以下のように述べている。

> 各学校の運営に保護者や地域住民が参画することを通じて、学校の教育方針の決定や教育活動の実践に、地域のニーズを的確かつ機動的に反映させるとともに、地域ならではの創意や工夫を生かした特色ある学校づくりが進むことが期待される。学校においては、保護者や地域住民に対する説明責任の意識が高まり、また、保護者や地域住民においては、学校教育の成果について、自分たち一人ひとりも責任を負っているという自覚と意識が高まるなどの効果も期待される。さらには、相互のコミュニケーションの活発化を通じた学校と地域との連携・協力の促進により、学校を核とした新しい地域社会づくりが広がっていくことも期待される。

この答申の記述から、学校運営協議会の導入によって想定されている効果は次の4点であると考えられる。

第1に、地域住民のニーズが学校経営や教育活動に反映されることを通して、地域の状況に応じた学校づくりが進むことが想定されている。日本においては、1980年代半ばの臨時教育審議会答申以後、地域ごとの独自性に関わりなく画一化されてきた学校のあり方が批判されてきた。学校運営協議会の導入によって、画一化されてきた学校が、地域の独自性に応じて多様化されることが想定されていると言える。

第2に、学校による地域住民や保護者に対する説明責任の意識が高まることが想定されている。ここでの説明責任とは英語のアカウンタビリティの訳語である。アカウンタビリティは、結果責任とも訳される。学校運営協議会の役割に、学校の活動をチェックすることが期待されていることから考えても、学校運営協議会が学校のアカウンタビリティを追求し、学校がそれに応えることが想定されていると言える。これに関連して、海外では、英語圏を中心に、1980年代から、教育委員会から学校により多くの権限を与え、同時に学校経営参加機関を設置して、その機関が学校のアカウンタビリティを追求する、といった学校経営改革（School based management 略して SBM、もしくは自律的学校経営などとよばれる）が進められてきている。また、日本では、1998年の

中央教育審議会答申「今後の地方教育行政の在り方について」において、「学校の自主性・自律性の確立について」という章が設けられているように、教育委員会から学校に、より多くの権限を与える学校経営改革が進行してきている。上記のことから、学校運営協議会の制度化は、世界規模で進行している自律的学校経営と呼ばれる改革の一環として研究者に理解されている（堀内 2006）。

　第3に、保護者や地域住民が、自分たちが学校教育の成果に責任を負っていることに関する意識を高めることが想定されている。

　第4に、学校と地域住民相互のコミュニケーションが活発になり、学校と地域住民との連携・協力が促進され、学校を核とした新しい地域社会づくりが広がることが想定されている。

　以上のように、学校運営協議会が導入されることによって、学校が地域の独自性に応じて多様化されることや、学校がアカウンタビリティの追求に応えること、保護者や地域住民が学校教育の成果に対する責任感を強めること、学校と地域住民との連携・協力が促進されること、学校を核とした地域社会づくりが広がること、が想定されている。

　しかし、こうした想定は、学校運営協議会の導入をはじめとする学校経営改革によって、本当に利益を得なければならないはずの児童・生徒への効果に関する言及を欠いている。学校が地域の独自性に応じて多様化されることも、学校がアカウンタビリティの追求に応えることも、保護者や地域住民が学校教育の成果に対する責任感を強めることも、学校と地域住民との連携・協力が促進されることも、それらすべてが、学校における児童・生徒の学習活動の質を改善させるための手段であるべきだと筆者は考える。

　よって、学校運営協議会が学校に導入されることによって、当該学校における児童・生徒の学習活動の質が改善したかどうかが問われなければならない。学校における児童・生徒の学習活動の質を改善させるためには、新しい教育活動の創造が必要である。そこで、本研究では、学校運営協議会の導入によって、当該学校において、それまでに見られなかった新しい教育活動が創造され、それによって児童の学習活動の質が改善されることを、「学校運営協議会の導入による学校教育の改善」と定義する。

第2節　問題の所在および研究の目的

　中央教育審議会答申「今後の学校の管理運営の在り方について」によれば、学校運営協議会制度の役割の一つは、保護者や地域住民のニーズを学校運営に反映させることにあった。したがって、学校運営協議会に関するこれまでの研究においても、主に、保護者や地域住民が、その意見を学校経営に適切に反映させているか否かが問題とされてきた（日高 2007、仲田 2010）。

　確かに、保護者や地域住民が、その意見を学校経営に適切に反映させているかどうかを問うことは重要である。しかし、学校経営への参加は、複数の目的に対応しうる手段でもある（窪田 1999: 47）。手段としての学校経営への参加の目的は、たとえば、学校経営における民主的地域主義の実現（換言すれば「教育官僚制」の超克）、学校教育の正統化、教員と保護者・地域住民との協働の促進、「新たな教育活動の創造」「児童の学習活動の質的改善」といったように、複数考えられる。このうち、本研究では、「新たな教育活動の創造」と、それによる「児童の学習活動の質的改善」、すなわち、「学校教育の改善」に着目する。その理由として次の2点を挙げる。

　第1に、子どもの学習権を保障することが、学校参加の第一義的な目的とされるべきだと考えるためである。日本における学校参加に関する研究は、子どもの教育をめぐる問題状況が深刻化し、学校教育における人権侵害などが問題視された 1970 年代の後半に、学校参加に関する「親の教育権」が論じられたことに始まる（岩永 2000: 245）。学校参加に関する「親の教育権」の根拠について、結城（2009: 264-265）は、「第1に、子どもの学習権・人間的な成長発達権の保障要請からの帰結である」と指摘している。また、親の参加の権利形態については、学校経営に関する「共同決定権」も予定されているという（結城 2009: 267-269）。これらのことから、子どもの学習権を保障するために、保護者は学校経営に参加する権利を有していると言える。したがって、学校参加の第一義的な目的は、子どもの学習権の保障に置かれるべきだと言える。よって、学校参加が制度上具現化したと考えられる学校運営協議会の最終的な目的

は、子どもの学習権の保障、換言すれば、「児童の学習活動の質的改善」に置かれるべきである。

第2に、「学校の正統性」がゆらぐ現代において、「学校教育の改善」は、喫緊の課題と言えるからである。浜田（2007: 9）が言うように、「個々の学校は、それ自身が展開する教育活動とそれを通じて現れる生徒の学習活動の質そのものによってしか、もはや自身の『正統性』を確かなものにはできなくなっている」のである。したがって、学校運営協議会の導入も、最終的には、「学校教育の改善」を帰結させる必要がある。

日本では、学校運営協議会制度に関する研究が、2004年の制度化以降、徐々に蓄積されてきている。ただし、既述の通り、そうした研究では、主に、保護者・地域住民が、その意見をどの程度学校経営に反映させているのかが問題とされてきた。そのため、学校運営協議会の導入によって、学校教育の改善が起こる過程は、いまだ解明されてはいない。

一方、学校経営参加機関の導入による学校教育の改善過程に関しては、英語圏を対象とした研究が多く蓄積されている。そうした研究では、SBMなどの学校経営改革が、すべての学校において、学校教育の改善をもたらすわけではないことが実証的な研究によって、明らかにされている（Parker & Leithwood 2000）。ただし、この研究は、特定の状況のもとでは、学校経営参加機関の設置が、学校教育の改善に影響を与えることを示唆している。

また、英語圏の学校経営参加機関を対象とした研究では、学校経営参加機関の導入による学校教育の改善過程に関して、次の3つの理論が主張されている。すなわち、①自律的学校経営の仕組み、すなわち学校への権限の委譲と、学校経営参加機関によるアカウンタビリティの追求が、新たな教育活動の創造を起こしている、②学校経営参加機関における「公的討議」や「学校の定義」の問い直しが、新たな教育活動の創造を起こしている、③学校経営参加機関に関する活動を通じた保護者と教員間のネットワークや信頼、互酬的関係の形成、すなわちソーシャルキャピタルの蓄積が、学校教育の改善に影響を与えている、である。

しかし、英語圏を対象とした研究は、学校経営参加機関が導入されてから、

学校教育が改善されるに至るまでの過程に関する教員や委員の認識や行為といった組織過程についての知見が、管見の限り十分に蓄積されていない点に問題があると考える。また、日本の学校運営協議会の導入による学校教育の改善過程において、上記3点の理論の過程がどのように生じているのか、または、これまで発見されていない過程が生じているのかについても解明されていない。

　以上の問題意識から、本研究は、日本における学校運営協議会を設置している学校（地域運営学校）を対象とした量的および質的調査を通じて、学校運営協議会の導入による学校教育の改善過程を明らかにすることを目的とする。

第3節　概念の定義

　ここでは、本論を展開する上で、必要な限りでの概念の定義を行う。学校経営参加機関、地域運営学校、学校教育の改善、ソーシャルキャピタルを取り上げる。

（1）学校経営参加機関
　本研究では、「学校経営参加機関」を、「学校の経営に保護者や地域住民が参加するために学校に設置された会議体」の意味で使用する。具体的には、米国のschool councilやlocal school council、英国のschool governing body、豪州のschool board、日本の学校運営協議会などを総称する概念として使用する。

（2）地域運営学校
　本研究では、「地域運営学校」という概念を、「学校運営協議会が設置されている学校」の意味に限定して使用する。なお、一般に「地域運営学校」は、「コミュニティスクール」とも呼ばれている。本研究では、文献や語りを引用する場合に限り、「コミュニティスクール」の概念を使用する。

（3）　学校教育の改善

　本章第1節で、すでに、学校運営協議会の導入によって、当該学校におい
て、それまでに見られなかった新しい教育活動が創造され、それによって児
童の学習活動の質が改善することを、「学校運営協議会の導入による学校教育
の改善」と定義した。ここでは，本論を展開するにあたり、「学校教育の改善」
概念についてもう少し説明を加えたい。

　まず、本研究では、「学校改善」を、「学校経営の改善」と、それによる「学
校教育の改善」を含んだ広い概念として使用する。こうした「学校改善」概念
の使用法は、先行研究にも見られる。例えば、中留ら（1996: 40）は、「学校
改善とは各学校が子どもの行動変容をめざした教育実践の質をよりよくはかる
ために、学内外の諸条件を開かれた協働によって組織化していく活動である」
と述べている。ここで中留ら（1996）が使用している「学校改善」概念には、
「学校経営の改善」と、それによる「学校教育の改善」が含まれているように
思われる。

　また、「学校教育の改善」を、「新たな教育活動の創造」と、それによる「児
童の学習活動の質的改善」を含んだ概念として使用する。さらに、「児童の学
習活動の質的改善」を、具体的には、教員や委員による「生活指導上の問題解
決」や「児童の学力向上」の成果認識から構成される概念として使用する。な
お、「生活指導上の問題解決」や「児童の学力向上」は、後述する質問紙調査
における複数の質問項目から構成される概念として使用する。

（4）　ソーシャルキャピタル

　高野（2004）は、「ソーシャル・キャピタルの内包を構成する要素」として
「ネットワーク、信頼、互酬性の規範」を挙げた上で、ソーシャルキャピタル
と教育パフォーマンスの関係を論じた先行研究を検討している。宮川・大守
（2004: ⅲ）は、「ソーシャル・キャピタルは、広く、人々がつくる社会的ネッ
トワーク、そしてそのようなネットワークで生まれる共有された規範、価値、
理解と信頼を含むものであり、そのネットワークに属する人々の間の協力を推
進し、共通の目的と相互の利益を実現するために貢献するものと定義される」

序　章　研究の目的　*9*

と述べている。また、経営学者であるベーカー（2001: 3-4）は、「『ソーシャルキャピタル』とは、個人的なネットワークやビジネスのネットワークから得られる資源」を指しており、「ソーシャル・キャピタルを活用することによって、価値あるものを創造し、物事を成し遂げ、目標を達成させる」ことができると指摘している。

　以上のことから、ソーシャルキャピタルは、社会的ネットワークや、信頼、互酬的関係が、何らかの価値を生み出す事象が注目された時に使用される概念であると言える。したがって、本研究においては、「ソーシャルキャピタル」を、「何らかの価値を生み出す、社会的ネットワークや信頼、互酬的関係としての資源」の意味で使用する。

第4節　各章の構成

本研究の構成は以下の通りである。

① 学校運営協議会に関する先行研究、および英語圏における学校経営参加機関が学校教育の改善に与える影響に関する先行研究を検討することを通じて、先行研究の成果と問題点を整理する（第1章）。

② 先行研究の成果と問題点を踏まえ、本研究で明らかにすべき研究課題を設定する。その上で、各研究課題を解明するための方法や、本研究の調査プロセス、および研究デザインについて述べる（第2章）。

③ 学校運営協議会で行われている活動および地域運営学校の成果認識を、質問紙調査の単純集計結果の分析から明らかにする（第3章）。

④ 学校運営協議会で行われている活動と地域運営学校の成果認識の関連を、因子分析や相関および回帰分析から明らかにする（第4章）。なお、本章では、第3章と同じ質問紙調査によって収集されたデータが分析される。

⑤ 学校運営協議会の導入によってB校に起こった出来事を、質的調査を通じて得たデータをもとに記述し、これを学校教育の改善過程の観点から

検討する（第5章）。

⑥　学校運営協議会の導入によってA校に起こった出来事を、質的調査を通じて得たデータをもとに記述し、これを学校教育の改善過程の観点から検討する（第6章）。

⑦　D校の学校運営協議会の導入による学校教育の改善の程度と，A校のそれの程度を分けた重要な要因を、両校のスクールヒストリーの比較分析を通じて明らかにする（第7章）。

⑧　以上の分析結果の総括を行った上で、学校運営協議会の導入による学校教育の改善過程について、総合的に考察する（終章）。

第1章

学校経営参加機関と学校教育の
改善に関する先行研究の検討

　本章では、学校経営参加機関と学校教育の改善に関する先行研究を検討し、その成果と問題点を整理する。第1節では、学校運営協議会に関する先行研究の検討を行う。第2節では、英語圏の学校経営参加機関と学校教育の改善に関する先行研究を検討する。第3節では、上記の検討を踏まえて、学校経営参加機関と学校教育の改善に関する先行研究の成果と問題点を整理する。

第1節　学校運営協議会に関する先行研究の検討

　本節では、学校運営協議会に関する先行研究の検討を行う。（1）では、「新しいタイプの公立学校運営の在り方に関する実践研究指定校に関する研究」の検討を行う。（2）では、「保護者や地域住民がそのニーズを学校経営に反映させることに関する研究」の検討を行う。（3）では、「学校運営協議会に関する量的調査研究」の検討を行う。（4）では、以上の検討を踏まえて、学校運営協議会に関する先行研究の成果と問題点を考察する。

（1）　新しいタイプの公立学校運営の在り方に関する実践研究指定校に
関する研究

　学校運営協議会の制度化のための実践研究として、2002年、新しいタイプの公立学校運営の在り方に関する実践研究が実施され、9校がそれに指定された。ここでは、この実践研究の指定校に関する先行研究を検討する。

小島（2004）は、実践研究指定校の一つである足立区立五反野小学校理事会のオブザーバーを経験した立場から、五反野小学校の学校理事会誕生の経緯と展開を分析している。小島（2004: 60）は、学校理事会には、「保護者等の意向や要望を学校経営に反映させる」ことと、「このことを通していい学校をつくる、学校を改善するという働き」の2つの機能があると指摘している。だが、「理事会と校長は意思決定において決して対等な関係ではない」ため、「保護者等の意向の反映や参加というものが優先ないしは支配的なものとなる可能性」があり、学校理事会が「学校の力量を高めることにつながる」ものでなければ、「学校を改善するという働き」を実現できないという。また、「学校理事会は、いい学校をつくることにも重要な存在意義が認められ、制度導入の貢献もそこにある。わたしはそれを学校力をつくる、高めることに求めたい」と述べている。

　このことから、小島は、学校理事会ないし学校運営協議会において、校長の学校経営に対して、保護者等がその意向を反映させることを通して、「学校力」が高まり、学校が改善される、と考えていることがわかる。

　平井（2007: 218）は、実践研究指定校であった五反野小学校と南が丘小学校を事例として、「コミュニティ・スクールの可能性」について、「近隣生活圏における公共課題の解決に向けた市民セクターの協治としてのガバナンス」と、「コミュニティの基盤を形成する社会的な信頼関係や市民的な積極参加を概念化したソーシャルキャピタル」の2側面があることを指摘した。この2つの側面は、五反野小学校と南が丘小学校の「いずれの実践にも多かれ少なかれ含まれて」いるという。また、平井（2007: 217）は、ソーシャルキャピタルが「よりよい学校教育」に与える影響について、「ボランタリーな組織が新たに生み出されたり、PTAやその他の旧来型の市民団体の活動が活性化したりすること自体が、『より良い学校教育』に大きな意義を持つ可能性がある」と指摘する。

　以上より、学校運営協議会の導入による学校教育の改善過程に関して、「新しいタイプの公立学校運営の在り方に関する実践研究指定校に関する研究」では、次の2つの過程が主張されている。第1に、学校運営協議会において、校

長の学校経営に対して、保護者等がその意向を反映させることを通して、「学校力」が高まり、学校教育が改善される過程である。第2に、学校運営協議会において、ソーシャルキャピタルが蓄積されることによって、学校教育が改善される過程である。

（2） 保護者や地域住民がその意向を学校経営に反映させることに関する研究

　序章において既述したように、学校運営協議会では、保護者や地域住民がその意向を学校経営に反映させることが、法律や答申によって期待されている。この点に関して、先行研究では、学校運営協議会における議事録や資料等の分析を通じて、学校運営協議会の「保護者・地域住民の意向や要望を学校経営に反映させる」機能の実態が実証的に解明されている。

　日高（2007）は、同じ中学校区の2つの小学校の協議会における議事録や校長に対するインタビューデータ等の分析を通じて、協議会設置後の校長の役割変化を明らかにしている。日高は次の3点を指摘している（日高 2007: 52）。第1に、「会議の進行役にどの委員（アクター）を置くかによって、意思決定プロセスが大きく異なることが予測される」。第2に、学校運営協議会では、学識経験者が「反対者」として存在し、校長が「学識経験者の求めに対して説明責任を負わなくてはならない状況が起こる」。第3に、校長は「学校経営に有益な効果」をもたらさなくてはならないために、「各委員に応答するだけの高度なコミュニケーション能力が求められる」。このように、日高は、委員の意向や要望が、校長の役割や学校経営上の意思決定プロセスに影響を与えることを実証したと言える。

　仲田（2010）は、ある小学校の学校運営協議会における議事録や保護者委員に対するインタビューデータ等を分析して、保護者委員の発言が少ないことを確認し、その要因として、次の4点を指摘している。すなわち、①「地域の社会関係を反映した議事の雰囲気」、②「保護者の多様性」、③「管理職と地域委員の事前相談過程の重要性とそこへの保護者の非関与」、④「熱心な学校支援の対価としての地域委員への価値付け」である。仲田は、学校運営協議会において、保護者委員の意向や要望を学校経営に反映させることの困難性を確認

し、その要因を実証的に解明したと言える。

上記の日高（2007）や仲田（2010）の事例研究から、学校運営協議会の「保護者等の意向や要望を学校経営に反映させる」機能に関して、学識経験者や地域住民委員は、その意向を学校経営に反映させることができるようになってきているが、保護者委員はその意向を学校経営に十分に反映させることができていないことが明らかとなった。このような「保護者の劣位性」（仲田 2010）をいかに克服するかは、確かに学校運営協議会運営の課題の一つである。だが、このような研究においては、学校教育の改善に関心が持たれてこなかった。

（3）学校運営協議会に関する量的調査研究

佐藤晴雄らは、2007年に全国の地域運営学校の校長を対象とした質問紙調査を行っており、その分析結果は、佐藤晴雄編（2010）にまとめられている。この調査は、質問項目が、よく取り上げられる議題や、地域運営学校の成果をはじめ、多岐にわたっており、回収率が86.9％と非常に高いため、学校運営協議会の実態を把握する上で有用である。その中で、例えば、屋敷（2010: 73）は、「学校運営協議会の議題には、『地域人材の活用』『学校評価』『学校行事』『地域間の協力』など、学校と学校外の関係に関わる内容がよく取り上げられている。これに対して、教員評価、教員任用など教員に直接関わる内容は取り上げられることは少ない」と指摘している。地域運営学校の成果に関しては、「学校が地域に情報提供をするようになった」や「地域が協力的になる」といった項目で肯定的な回答が多く、児童・生徒の学力や、生徒指導課題の解決や、適切な教員人事といった項目で否定的な回答が多いことが明らかにされている。

橋本ら（2010）は、2008年に全国の地域運営学校を対象とした質問紙調査を行っている（回収率は52.3％）。この研究では、次の諸点が明らかにされている。第1に、学校の運営方針に対する承認については、校長が学校運営協議会に提出する原案が承認されているところがほとんどである。第2に、教員人事については、多くは意見が出されていない。第3に、学校運営協議会の会議内容の領域については、「子どもの学力」「子どもの生活指導」が多く、「教員

第1章　学校経営参加機関と学校教育の改善に関する先行研究の検討　*15*

の力量・研修」や「校則の見直し」は少ない。第4に、学校が学校運営協議会に対して期待している事項について、「学校教育の具体的支援」「教育活動活性化のアイデアの提案」「学校運営方針の理解と承認」が上位に挙げられ、これに対して、「学校運営に対する評価」「教員人事への意見提示」を期待の上位として回答する率は低い。

　これらの量的調査研究から、学校運営協議会においては、法律で明記されている学校の運営方針に対する承認や、人事についての意見があまり活発に行われておらず、「子どもの学力」「子どもの生活指導」といった「児童・生徒の学習の質的改善」に関わる事項や、「地域人材の活用」「地域間の協力」といった「学校地域間の連携」に関わる事項のような、法律で明記されていない領域がよく議題になっていることがうかがえる。また、学校運営協議会の導入による「児童・生徒の学習の質的改善」を認識している校長は多くないことがうかがえる。

（4）　学校運営協議会に関する先行研究の成果と問題点

　本節では、学校運営協議会に関する先行研究を検討してきた。本項では、本節のまとめとして、学校運営協議会に関する先行研究の成果と問題点を考察する。

　学校運営協議会に関する先行研究の成果として、次の3点が挙げられる。

　第1に、「新しいタイプの公立学校運営の在り方に関する実践研究指定校に関する研究」では、学校運営協議会の導入による学校教育の改善について、次の2点が主張されている。①学校運営協議会において、校長の学校経営に対して、保護者等がその意向を反映させることを通して、「学校力」が高まり、学校教育が改善される。②学校運営協議会において、ソーシャルキャピタルが蓄積されることによって、学校教育が改善される。

　第2に、学校運営協議会の「保護者等の意向や要望を学校経営に反映させる」機能に関して、学識経験者や地域住民委員は、その意向を学校経営に反映させることができるようになってきているが、保護者委員はその意向を学校経営に十分に反映させることができていないことが明らかとなっている。

第3に、学校運営協議会においては、法律で明記されている学校の運営方針に対する承認や、人事についての意見があまり活発に行われておらず、「児童・生徒の学習の質的改善」や「学校地域間の連携」に関わる事項といった、法律で明記されていない領域が、よく議題になっていることが明らかにされている。

次に、学校運営協議会に関する先行研究の問題点として、次の4点が挙げられる。

第1に、「新しいタイプの公立学校運営の在り方に関する実践研究指定校に関する研究」では、学校運営協議会の導入が学校教育の改善に与える過程について、2点主張されているが、その過程の詳細が記述、説明されていない。また、この2点の主張の関係をどのように捉えることができるのかが解明されていない。

第2に、「保護者や地域住民がその意向を学校経営に反映させることに関する研究」では、主に保護者・地域住民が、学校経営に意見を適切に反映させているか否かが問題とされてきたため、学校運営協議会の導入によって、学校教育の改善が起こる過程は、解明されてはいない。

第3に、学校運営協議会における活動や、その成果について、量的調査研究では、校長の認識は解明されているものの、教員や委員の認識は解明されていない。

第4に、学校運営協議会に関する量的調査研究では、学校運営協議会において、どのような活動が、どのような成果認識に影響を与えるのかが解明されていない。

第2節　英語圏における学校経営参加機関と学校教育の改善に関する先行研究の検討

　本節では、英語圏における学校経営参加機関と学校教育の改善に関する先行研究の検討を行う。（1）では、英語圏における学校経営参加機関の動向を概観し、学校経営参加機関の設置が、学校教育の改善に影響を及ぼす過程に関して3つの理論があることを提示する。（2）では、3つの理論のうちの1つである、自律的学校経営の仕組みによる学校教育の改善を概観する。（3）では、同じく3つの理論のうちの1つである、学校の定義の問い直しによる学校教育の改善を概観する。（4）では、同じく3つの理論のうちの1つである、ソーシャルキャピタルの蓄積による学校教育の改善を概観する。（5）では、本節のまとめとして、英語圏における学校経営参加機関と学校教育の改善に関する先行研究の成果および問題点を考察する。

（1）　英語圏における自律的学校経営の展開と学校経営参加機関の設置

　浜田（2004: 37）によれば、アメリカにおいて、1980年代後半以降、「学校を基礎単位とした教育経営（SBM）」と呼ばれる学校裁量権限拡大施策が広く普及していったという。SBMの中核的な要件は、①学区教育委員会から学校への権限委譲、および②学校における共同的意思決定である（浜田 1999: 23）。Parker & Leithwood（2000）によれば、これに類似した学校経営改革は、アメリカだけでなく、カナダやニュージーランド、オーストラリア、イギリスでも実施されている。このような改革は、次の2つの考え方から実施されている（Parker & Leithwood 2000）。第1は、最も生徒に近いところに意思決定の権限を与えれば、学校は改善されるという考えである。第2は、学校経営参加機関は、校長や教員に対するアカウンタビリティ追求のためのメカニズムであるという考えである。アカウンタビリティ追求のためのメカニズムによって、これまで無視されてきた利害関係者に意思決定権限が与えられる。このことを通して、学校は、顧客志向を増すと考えられてきた（Parker & Leithwood 2000）。

ところが、1985 年〜 1995 年における、SBM と学校審議会の影響に関する 83 の経験的な研究をレビューした Leithwood & Menzies（1998: 340）は、「SBM が、生徒に直接、間接に影響を与えることについて、研究にもとづいた確かな知見は実質的には存在しない」という結論を得ている。

この点に関して、Parker & Leithwood（2000）は、カナダのオンタリオ州において、学校経営参加機関が教室や学校に最も影響を与えている学校を 2校、最も影響を与えていない学校を 2 校、その中間の学校 1 校を選び、それぞれの学校で、およそ 9 〜 11 人のインタビューを行った。その結果、「SBMが、自律性、効率性、平等性をもたらすことについては留保が必要と言われてきた。これを肯定するが、ある状況のもとでは、学校経営参加機関は、親の参加や、学校や地域の変化に影響を与えることが明らかになった」という結論を出している。

以上のことから、自律的学校経営、すなわち、学校への権限委譲と、学校経営参加機関の設置は、英語圏における学校経営改革の手段として広く運用されていることがわかる。しかし、1995 年の時点では、学校経営参加機関の設置が、学校教育の改善に影響を及ぼす過程は実証されていないと言える。一方、学校経営参加機関が設置されたすべての学校において、それの設置が、学校教育の改善に影響を与えているわけではないものの、ある特定の状況下では、学校経営参加機関の設置が、学校教育の改善に影響を及ぼしていることが示唆されていると言える。

したがって、どのような状況下で、どのような過程を経て、学校経営参加機関の設置が、学校教育の改善に影響を及ぼすのかが解明されるべき課題だと言える。こうした学校経営参加機関の設置が、学校教育の改善に影響を及ぼす過程について、1990 年代後半以降、実証的な研究をもとにした 3 つの理論が提起されている。次項以降では、その 3 つの理論を概観する。

（2）　自律的学校経営の仕組みによる学校教育の改善

佐藤博志（1997）は、学校への財政権限委譲と、学校経営参加機関によるアカウンタビリティの追求が、学校改善に影響を与えることを解明している。

第1章　学校経営参加機関と学校教育の改善に関する先行研究の検討　*19*

オーストラリアのビクトリア州では、自律的学校経営の理論をもとに、学校経営政策が展開されている。その理論における自律的学校経営のサイクルでは、校長と教職員は、学校経営参加機関が認可した3年間の学校経営計画にしたがって、予算案を編成するとされている（佐藤 1997）。学校経営参加機関で学校経営計画が認可されるということは、保護者や地域住民が、学校経営参加機関を通じて、校長や教員に対するアカウンタビリティを追求することを意味していると考えられる。

　佐藤博志（1997: 129-131）によれば、こうした自律的学校経営の仕組みがもたらす効果について、ビクトリア州公立学校のモラング南小学校の校長は、「学校包括予算のおかげで、昔は不可能だった計画を導入することができました。その計画は『読み方補習』です。それは集中的な個別指導で教員の増加が必要ですが、柔軟な財政運営のおかげで可能になりました」と述べているという。このように、佐藤博志（1997）では、「自律的学校経営」の仕組み、すなわち、学校への人事、財務、カリキュラムの権限委譲と、学校経営参加機関による校長や教員に対するアカウンタビリティの追求が、「読み方補習」という当該学校のニーズに応じた新たな教育活動を生み出す過程が説明されている。

（3）「学校の定義」の問い直しによる学校教育の改善

　アメリカのシカゴでは、1998年に、「シカゴ学校改革法」が成立した。山下（2002: 33-35）は、シカゴ学校改革の制度構想を根拠づけるとされた理論の1つが、SBMであったことを指摘している。山下（1997）は、教育に関する市民的協議形成の観点から、シカゴ学校改革下における学校評議会制度の理論的分析を行っている。その中で、山下（1997: 143）は、「親や住民も加わる『公的討議』では、統合的性格を有する『学校の定義』を通じて、教育活動への評価と新たな方向性の設定が行われる」と指摘している。具体的には、次のトーマス小学校の事例を例示している。

　　この学校には、スペイン語系および英語系の両方の子どもたちが通うため、互いに分離して相互交流もなく、あたかも二つの異なる学校が一つの建物に併設された

ようであった。双方の間にはさまざまな抗争や差別的問題も発生して、両者の亀裂は深刻になっていた。だが、教師たちにとって、この問題の表面化は、教師集団の二分化を決定的にするおそれがあるために、不問に付されていた。こうした事態が一変する契機となったのは、新校長サンチェスの赴任である。彼は分裂的状況を前にして、従来の学校の姿を「クラス間に断絶が生じ、双方が互いに軽蔑しあう学校」と批判的に総括し、これまで触れられなかった問題を敢えて取り上げた。ここで、ようやく「既存の『学校の定義』を問い直す」契機が現れた。この結果、分裂的状況は「公的討議」の争点となり、そこでは、現状維持か思い切った転換か、が選択肢として論じられ、バイリンガル教育の根本的な意義をはじめとする「学校の定義」に関する論争が始まった。そして、地域や子どもの実情から、改めて「全員が英語とスペイン語を話せる」ような「地域コミュニティのため」の「真のバイリンガル学校」を目指すという、新しい「学校の定義」が再創造されたのである。

（山下 1997: 139）

　このように、山下（1997）では、「公的討議」や「学校の定義」が、学校教育の目標を変化させることを通して、新たな教育活動を生み出す過程が説明されている。

（4）ソーシャルキャピタルの蓄積による学校教育の改善

　2000 年代に入って、学校経営参加機関におけるソーシャルキャピタルの蓄積が、学校教育の改善に影響を与えることを示唆する研究が見られるようになってきている。

　Bryk & Schneider（2002）らは、1990 年代の初め頃、シカゴ学校改革が学校に及ぼす影響を調べるために、シカゴの 12 の小学校を対象に、事例研究に着手した。彼らは当初、学校で生じるミクロポリティクスに研究の焦点を当てていた。だが、彼らは次第に、社会関係の質が、学校の地域社会が新たに発見された権限と資源をより良く利用するか否かに、重要な役割を果たしていることを徐々に確信するようになったという。彼らの学校観察やインタビュー調査は、3 年間行われ、Bryk & Schneider（2002）には、12 校のうち、関係的信頼（relational trust）の現れ方が特徴的な 3 つの小学校（このうちの 1 つは上記のトーマス小学校である）の事例が記述・説明されている。また、Bryk &

Schneider（2002）らは、1991 年と 1994 年、1997 年に、シカゴの小学校の教員に対して行われた、校長、教員、保護者間の関係的信頼等に関する量的データ、および児童の算数と読解に関する 1991 年から 1996 年までのテストスコアのデータを入手し、両者の関係などを分析している。

　その結果、Bryk & Schneider（2002: 111-115）は、関係的信頼と、児童の算数と読解に関するテストスコアの関係について、学校の文脈や、児童の構成、教員の背景といった要因の学校間の違いをコントロールした後でも、算数や読解に関する「学校の生産性」（平均得点の増加量）と、関係的信頼の間に強い関連があることを明らかにした。また、Bryk & Schneider（2002: 115-121）は、関係的信頼が学校の組織的状況に影響を与えることを通して、児童の学習に影響を及ぼすことを主張している。

　また、Bryk & Schneider（2002: 125-133）の研究から、関係的信頼を促進する重要な組織的要因について、次の３点を読み取ることができると考える。それらは、①校長がその言動や行為の一貫性を保持すること、②学校評議会を、保護者・地域住民のリーダーが教員を統制するように運営するのではなく、保護者・地域住民のリーダーと教員間の協働を促すように運営すること、③校長が教員を大幅に入れ替えること、である。

　Talley & Keedy（2006）は、ケンタッキー州の１つの学区における２つの高校、１つの小学校を対象に、教授能力の向上を促す状態（enabling condition for instructional capacity building）に着目して、SDM（School Decision Making、SBM とほぼ同義）が、生徒の学業達成に影響を与える過程を分析している。事例校として選ばれた学校は、学校審議会が生徒の成績に影響を与えたと教育委員会によって見なされている学校である。研究方法は、キーインフォーマントへのインタビュー、学校審議会やその下部組織である委員会の観察、文書の収集が採用されている。この論文では、調査およびデータ分析の結果、３つの事例に共通する教授能力の向上を促す状態として、４点が挙げられている。そのうちの１つは、「学校全体に網の目状のネットワークを生み出し、教師と保護者によるボトムアップの問題解決を可能にする委員会と審議会の協働」である[1]。

以上のことから、2000年代に入ってから、学校経営参加機関に関する活動を通じた校長と教員、保護者間のネットワークや信頼、互酬的関係の形成、すなわちソーシャルキャピタルの蓄積が、学校教育の改善に影響を与えることが示唆されるようになってきていると言える。

（5）　英語圏における学校経営参加機関と学校教育の改善に関する先行研究の成果および問題点

本節では、英語圏における学校経営参加機関と学校教育の改善に関する先行研究を検討してきた。本項では、本節のまとめとして、これらの先行研究の成果と問題点を指摘する。

英語圏における学校経営参加機関と学校教育の改善に関する先行研究の成果として、次の2点が挙げられる。

第1に、学校経営参加機関が設置されたすべての学校において、それの設置が学校教育の改善に影響を与えているわけではないものの、ある特定の状況下では、学校経営参加機関の設置が、学校教育の改善に影響を及ぼすことが示唆されている。したがって、学校経営参加機関の設置が、どのような条件のもと、どのような過程を経て、学校教育の改善に影響を及ぼすのかを解明する必要がある。

第2に、学校経営参加機関が、学校教育の改善に影響を与える過程に関して、次の3つの理論が主張されている。

第1の理論は、自律的学校経営の仕組み、すなわち学校への権限の委譲と、学校経営参加機関による校長と教員に対するアカウンタビリティの追求が、新たな教育活動の創造を起こしている、というものである。

第2の理論は、学校経営参加機関における「公的討議」や「学校の定義」の問い直しが、新たな教育活動の創造を起こしている、というものである。

第3の理論は、学校経営参加機関に関する活動を通じた保護者と教員間のネットワークや信頼、互酬的関係の形成、すなわちソーシャルキャピタルの蓄積が、学校教育の改善に影響を与えている、というものである。

次に、英語圏における学校経営参加機関と学校教育の改善に関する先行研究

の問題点として、学校経営参加機関が導入されてから、学校教育が改善される
に至るまでの過程に関する教員や委員の認識や行為といった組織過程について
の知見が、管見の限り十分に蓄積されていないことが挙げられる[2]。確かに、
Bryk & Schneider（2002）らの研究は、この点について貴重な知見を提供
している。しかし、事例研究を積み重ねることによって、Bryk & Schneider
（2002）らが明らかにした知見を修正、または確認する必要があると考える。

第3節　学校経営参加機関と学校教育の改善に関する先行研究の成果と問題点

　本節では、本章のまとめとして、学校経営参加機関と学校教育の改善に関す
る先行研究の成果と問題点を整理する。

　まず、学校経営参加機関と学校教育の改善に関する先行研究の成果として、
次の3点が挙げられる。

　第1に、学校運営協議会においては、法律で明記されている学校の運営方
針に対する承認や、人事についての意見があまり活発に行われておらず、「児
童・生徒の学習の質的改善」や「学校地域間の連携」に関わる事項といった、
法律で明記されていない領域が、よく議題になっていることが明らかにされて
いる。

　第2に、学校経営参加機関が設置されたすべての学校において、それの設
置が学校教育の改善に影響を与えているわけではないものの、ある特定の状況
下では、学校経営参加機関の設置が、学校教育の改善に影響を及ぼすことが解
明されている。

　第3に、学校運営協議会を含めた学校経営参加機関が、学校教育の改善に
影響を与える過程に関して、次の3つの理論が主張されている。

　第1の理論は、自律的学校経営の仕組み、すなわち学校への権限の委譲と、
学校経営参加機関による校長と教員に対するアカウンタビリティの追求が、新
たな教育活動の創造を起こしている、というものであった。この理論は、「新

しいタイプの公立学校運営の在り方に関する実践研究指定校に関する研究」において主張されていた「学校運営協議会において、校長の学校経営に対して、保護者等がその意向を反映させることを通して、『学校力』が高まり、学校教育が改善される」という主張に対応しているように思われる。なぜなら、保護者等が校長の学校経営に対して意見を反映させるということは、保護者等が校長に対してアカウンタビリティを追求することを含んでいると考えられるからである。

　第2の理論は、学校経営参加機関における「公的討議」や「学校の定義」の問い直しが、新たな教育活動の創造を起こしている、というものであった。この理論も、「新しいタイプの公立学校運営の在り方に関する実践研究指定校に関する研究」において主張されていた「学校運営協議会において、校長の学校経営に対して、保護者等がその意向を反映させることを通して、『学校力』が高まり、学校教育が改善される」という主張に対応していると思われる。なぜなら、保護者等が校長の学校経営に対して意見を反映させるということは、保護者等が「学校の定義」を問い直すような意見を提示して、校長がそれをきっかけに、新たな教育活動を起こすことを含んでいると考えられるからである。

　第3の理論は、学校経営参加機関に関する活動を通じた保護者と教員間のネットワークや信頼、互酬的関係の形成、すなわちソーシャルキャピタルの蓄積が、学校教育の改善に影響を与えている、というものであった。この理論は、「新しいタイプの公立学校運営の在り方に関する実践研究指定校に関する研究」において主張されていた「学校運営協議会において、ソーシャルキャピタルが蓄積されることによって、学校教育が改善される」という主張に対応しているように思われる。

　次に、学校経営参加機関と学校教育の改善に関する先行研究の問題点として、次の4点が挙げられる。

　第1に、学校運営協議会に関する量的調査研究では、学校運営協議会における活動や、その成果について、校長の認識は解明されているものの、教員や委員の認識は解明されていない。

　第2に、学校運営協議会に関する量的調査研究では、学校運営協議会にお

第1章　学校経営参加機関と学校教育の改善に関する先行研究の検討　25

いて、どのような活動が、どのような成果認識に影響を与えるのかが解明されていない。

　第3に、学校運営協議会に関する研究においても、英語圏における学校経営参加機関と学校教育の改善に関する研究においても、学校運営協議会や学校経営参加機関が導入されてから、学校教育が改善されるに至るまでの過程に関する教員や委員の認識や行為といった組織過程についての知見が、管見の限り十分に蓄積されていない。

　第4に、日本の学校運営協議会において、学校経営参加機関が学校教育の改善に影響を与える過程に関する3つの理論がどのように当てはまるのか、または、これまで発見されていない過程が見られるのかについて十分に実証研究が蓄積されていない。

注

1)　Talley & Keedy（2006）が挙げている教授能力の向上を促す他の3つの状態は、①「委員会のメンバーと権限を共有して意思決定することを促す校長」、②「生徒の成果を改善する意思決定において、アセスメントデータを活用することを含む、生徒の学力達成度に焦点をあてる委員会」、③「生徒の学力達成に対する教師のアカウンタビリティを促す委員会」である。

2)　「管見の限り」について、ここでは、先行研究の検討で対象としたデータベースと、検討の手続きについて述べる。日本語の論文については、インターネット上の「cinii」のホームページにて、「学校運営協議会」「地域運営学校」「コミュニティスクール」「学校改善」等といったキーワードで検索したものの中から、主要な論文を収集し、検討対象とした。また、『日本教育経営学会紀要』および『日本教育行政学会年報』の中から、本研究にとって重要と思われる論文を収集し、検討対象とした。さらに、そうして集められた論文の引用参考文献の中からも、本研究の目的に照らして重要と考えられる論文を収集し、検討対象とした。

　　日本語の書籍については、「webcatplus」のホームページにて、「学校運営協議会」「地域運営学校」「コミュニティスクール」というキーワードで検索したものの中から、主要な書籍を収集し、検討対象とした。

　　英語の論文については、教育学関連外国雑誌オンライン・データベースである筑波大学教育学域 EBSCOhost（エブスコ・ホスト）を用いて、「school council」「local school council」「school governing body」「school board」「Advisory Committee」「school-based management」「School Governance」といった学校経営参加機関に関連する言葉と、「effects」「achievement」「School Improvement」「School Effectiveness」といった学校教育の改善に関わる言葉をかけあわせて検索を行い、学会誌の査読つきの論文をリスト化し、収集し、検討対象とした。また、そうして集められた論文の引用参考文献の中からも、本研究の目的に照らして重要と考えられる論文を収集し、検討対象とした。

第2章

研究課題および研究方法

　第1章で検討した先行研究の成果と問題点を踏まえ、本章では、第1節にて、本研究で明らかにすべき研究課題を設定する。第2節では、研究課題に応じた研究手法を示す。第3節では、本研究の調査のプロセスを示す。第4節では、研究方法論上の本研究の位置づけを考察する。

第1節　研究課題

　第1章では、学校経営参加機関と学校教育の改善に関する先行研究の成果として3点、問題点として4点を指摘した。本研究では、先行研究の検討を踏まえて、次の5つの研究課題を設定する。

　第1の研究課題は、「学校運営協議会における活動や、その成果に関する教員や委員の認識を解明すること」である。学校運営協議会の導入による学校教育の改善過程を解明するにあたって、まずは、学校運営協議会の活動や地域運営学校の成果認識の実態の全国的な傾向を明らかにしておく必要がある。この点に関わって、先行研究の第1の問題点は、「学校運営協議会に関する量的調査研究では、学校運営協議会における活動や、その成果について、校長の認識は解明されているものの、教員や委員の認識は解明されていない」であった。だが、校長の認識を明らかにするのみでは、学校運営協議会の実態を捉えそこなっている可能性がある。そこで、本研究では、上記の研究課題を設定する。この研究課題は第3章で検討される。

第2の研究課題は、「学校運営協議会において、どのような活動が、どのような成果認識に影響を与えるのかを解明すること」である。学校運営協議会の導入による学校教育の改善過程を解明するためには、全国の学校運営協議会において、どのような活動が行われることが、どのような成果が認識されることに影響を与えるのかを明らかにする必要がある。この点に関わって、先行研究の第2の問題点は、「学校運営協議会に関する量的調査研究では、学校運営協議会において、どのような活動が、どのような成果認識に影響を与えるのかが解明されていない」であった。そこで、本研究では、上記の研究課題を設定する。この研究課題は、第4章で検討される。

第3の研究課題は、「学校運営協議会の導入による学校教育の改善過程における、校長や教員、委員の認識や行為を解明すること」である。学校運営協議会の導入による学校教育の改善過程の詳細を解明するためには、全国の地域運営学校を対象とした量的調査のみでは不十分であり、個別学校を対象とした質的調査を行う必要がある。この点に関わって、先行研究の第3の問題点は、「学校運営協議会や学校経営参加機関が導入されてから、学校教育が改善されるに至るまでの過程に関する教員や委員の認識や行為といった組織過程についての知見が、管見の限り十分に蓄積されていない」であった。そこで、本研究では、上記の研究課題を設定する。この研究課題は第5、6章で検討される。

第4の研究課題は、「ある学校の学校運営協議会の導入による学校教育の改善の程度と、別な学校のそれの程度を分ける重要な要因を解明すること」である。先行研究では、「学校経営参加機関が設置されたすべての学校において、それの設置が学校教育の改善に影響を与えているわけではないものの、ある特定の状況下では、学校経営参加機関の設置が、学校教育の改善に影響を及ぼすこと」が明らかにされていた。したがって、学校運営協議会の導入による学校教育の改善過程を明らかにするためには、学校教育の改善の程度の差異を生み出す要因を明らかにする必要がある。そこで、本研究では、上記の研究課題を設定した。この研究課題は第7章で検討される。

第5の研究課題は、「日本の学校運営協議会において、学校経営参加機関が学校教育の改善に影響を与える過程に関する3つの理論がどのように当てはま

第2章 研究課題および研究方法 *29*

るのかを解明すること」である。先行研究では、学校経営参加機関が学校教育
の改善に影響を与える過程として3つの理論が主張されていた。しかし、先行
研究の第4の問題点は、日本の学校運営協議会において、これら3つの理論が
どのように当てはまるのかについて実証研究が十分に蓄積されていないことで
あった。そこで、本研究では、上記の研究課題を設定した。この研究課題は、
第3、4、5、6章で検討される。

第2節 研究手法

　本節では、（1）において、第1節で設定された4つの研究課題に応じた
研究手法の検討を行う。次に、（2）において、小学校を研究の対象とした理
由について述べる。さらに、（3）において、質的調査研究で使用したソフト
ウェアを明示し、それを採用した理由を述べる。

（1）各研究課題における研究手法
　第1の研究課題は、「学校運営協議会における活動や、その成果について、
教員や委員の認識を解明すること」であった。そこで、学校運営協議会におけ
る活動や、その成果について、全国の地域運営学校の小学校に所属する教員、
および学校運営協議会委員に対して、質問紙調査を実施する。ただし、この2
つの調査は、同一の学校で同時期に実施されてはいない。この質問紙調査の単
純集計を通じて、全国の学校運営協議会の活動の傾向、および、全国の地域運
営学校の成果の傾向を捉えることができる。全国の学校運営協議会の活動や、
全国の地域運営学校の成果の傾向を分析することを通して、学校運営協議会の
導入による学校教育の改善の傾向を推測することができると考えられる。質問
紙調査やその分析の詳細については、第3章で言及する。
　第2の研究課題は、「学校運営協議会において、どのような活動が、どのよ
うな成果認識に影響を与えるのかを解明すること」であった。そこで、第3章
で実施した質問紙調査のデータを用いて、学校運営協議会の活動に関する認識

を説明変数、地域運営学校の成果認識を被説明変数とする重回帰分析を実施する。この重回帰分析を実施することによって、学校運営協議会の導入による学校教育の改善過程において、どのような活動が重要なのかを推測することができると考えられる。質問紙調査やその分析の詳細については、第4章で言及する。

第3の研究課題は、「学校運営協議会の導入による学校教育の改善過程における、教員や委員の認識や行為を解明すること」であった。先行研究では、学校経営参加機関の影響によって学校教育が改善されている学校において、過去に起こった出来事が記述・説明されていないため、なぜ、そのような学校になるに至ったのか、その際に、教員や委員がどのように学校経営参加機関を認識し、行為したのかについては十分に解明されていなかった。そこで、本研究では、学校運営協議会の導入による学校教育の改善過程に関して、事例校の現在の状況および、過去に起こった出来事を記述・説明することを試みた。具体的には、2つの小学校において、参与観察、聞き取り調査、資料収集を行った。調査の具体的な内容については、第5、6章で言及する。

第4の研究課題は、「ある学校の学校運営協議会の導入による学校教育の改善の程度と、別な学校のそれの程度を分ける重要な要因を解明すること」であった。この研究課題は、第5章および第6章で記述、説明された2つの小学校のスクールヒストリーを比較分析することを通して、検討される。

第5の研究課題は、上記の量的、質的調査で得られた結果から考察される。

（2）小学校を対象とした理由

学校運営協議会は、幼稚園、小学校、中学校、高等学校、特別支援学校に置くことができるとされている。しかし、本研究では、研究対象を小学校に限定した。その理由は次の3点にある。

第1に、研究対象とする校種を限定することにより、研究の知見の妥当性を高めるためである。学校運営協議会の導入による学校教育の改善過程は、学校種によって異なる部分が有ることが推測される。よって、研究で得られる知見の妥当性を高めるために、研究対象とする校種を1つに限定することにした。

第2に、校種別に見れば、学校運営協議会の設置数は小学校が最も多いためである。2012年4月現在、学校運営協議会は全国で1,183校に設置されているが、その内訳は、幼稚園55校、小学校786校、中学校329校、高等学校6校、特別支援学校7校である。研究対象とする校種を1つに限定する際に、最も数が多い小学校に限定することにより、より多くの学校において、研究で得られた知見を生かすことができると考え、小学校を研究対象にすることにした。

　第3に、小学校の方が、中学校に比べ、「児童の学習の質的改善」に関する地域運営学校の成果が認識されやすいことが明らかにされているためである。佐藤晴雄ら（2010: 47-49）は、2007年に、全国の地域運営学校に対して行った質問紙調査を分析した上で、校長による「児童の学習の質的改善」に関する地域運営学校の成果認識について、次の諸点を明らかにしている。まず、「児童生徒の学力が向上した」の質問項目について、「当てはまる」「ある程度当てはまる」と回答した校長は、中学校よりも小学校の方が、11.3％多い。同様に、「児童生徒の学習意欲が向上した」についても、これを肯定した校長は、中学校よりも小学校の方が、18.4％多い。「生徒指導課題の解決」についても、これを肯定した校長は、中学校よりも小学校の方が13.8％多い。上記のことから、小学校の方が、中学校に比べ、「児童の学習の質的向上」に関する地域運営学校の成果が観察しやすいと考え、小学校を研究対象にすることにした。

（3）質的データ分析で使用するソフトウェアおよびそれを採用した理由

　本研究では、参与観察、聞き取り調査、資料収集によって集められたデータを、「質的データ分析法」（佐藤郁也 2008）を参考に、VERBI 社製のMAXQDA 2007 というソフトで分析した。MAXQDA 2007 を採用したのは、質的データを分析しながら、漸次的に分析枠組を構築するためである。あらかじめ分析枠組を設定しないで質的データが分析される場合、しばしば、看護学などにおいて、修正版グラウンデッドアプローチの手法が用いられる。近年、教育経営学においても、学校経営プロセスを解明する上で、修正版グラウンデッドアプローチが有効であることが指摘されている（畑中 2012）。

しかし、本研究では、質的データの分析に際して、佐藤郁哉（2008）の「質的データ分析法」の手法を採用した。この分析方法は、かなりの部分をグラウンデッドアプローチの発想によっているが、次の3点がグラウンデッドアプローチとは異なる（佐藤郁哉 2008: 191-200）。それは、①事例の分析に重点をおく、②文書セグメントがおかれている元の文字テキストの文脈を重視する、③コーディングの作業において、帰納的なアプローチだけでなく演繹的なアプローチをも積極的に活用する、である。

修正版グラウンデッドアプローチと異なり、MAXQDA 2007と「質的データ分析法」を用いることにより、コーディング前の生データを簡単に参照することができ、生データの細部に注意を払った分析が可能になる利点があると考え、本研究では、この手法を採用した。

第3節　調査研究のプロセス

前節で述べたことからもわかるように、本研究は、量的調査研究および質的調査研究の両方を用いて研究課題に迫ろうとするものである。この意味で、本研究は、研究デザインのレベルにおいて、混合研究法（クレスウェル 2010）を採用していると考えられる。しかし、本研究では、混合研究法の類型を明確に認識して、事前に立てられた計画に沿って調査研究が実施されてきたとは言えない。本研究においては、調査研究のデザインや分析の手順は、調査を進める中で、試行錯誤されてきた。

本節では、試行錯誤されてきた本研究の調査プロセスについて明示する。本研究の調査プロセスは、およそ3つの段階に分けられる。第1は、量的・質的調査により当初の仮説が棄却された段階である。第2は、質的調査により仮説を生成する段階である。第3は、生成された仮説を量的調査の分析で検証する段階である。以下、それぞれの段階を、（1）～（3）に分けて記述する。

（1） 量的・質的調査により当初の仮説が棄却された段階

　本研究の調査に着手したのは、2007年の7月である。それ以降から2008年3月までは、後述するB小学校とその隣接するA小学校の学校運営協議会の傍聴を行った。

　本研究の当初の問題関心は、学校運営協議会の導入によって、どのように児童の学習の質が高まるのかにあった。学校運営協議会に関する先行研究を検討した結果、このような問題関心を実証的に検討した研究は、見られなかったためである。しかし、学校運営協議会の傍聴を行っている間に、この問いに答えるには、学校運営協議会の傍聴のみでは不十分であると考えた。そこで、B小学校の校長に、2008年4月から、学校支援ボランティアとして、教育活動の支援をさせてほしいと依頼し、承諾を得た。

　B小学校における学校支援ボランティアとしてのフィールドワークを実施する際、仮説がまったくなければ、何を観察すればよいのか不明である。そのため、緩やかな仮説を設定することとした。その仮説は、「学校運営協議会の導入が、教員のワークモチベーションに影響を与え、教員のワークモチベーションが、児童の学習の質に影響を与えている」であった。フィールドワークでは、上記の緩やかな仮説を観点として、教室の児童の様子や職員室の様子を観察した。その結果、学校運営協議会の導入が、教員のワークモチベーションに影響を与えているか否かを捉えることはできなかったが、B校の児童の生活面、学力面での質の高さを感じることはできた。また、B校が地域運営学校であることが、B校の児童の生活面、学力面での質の高さに影響を与えているという趣旨の語りが、校長から聞かれた。そこで、B校では、なぜ児童が質の高い学習活動を行うことが可能になったのか、また、児童が質の高い学習活動を行うことと、B校が地域運営学校であることには、どのような関係があるのかに筆者は関心を持つようになった。

　そこで、2008年7月から8月にかけて、地域運営学校になることが、B校の教育活動の質の高さに影響を与える過程を解明するため、教員に対して聞き取り調査を実施した。調査時の聞き取り内容は、学校運営協議会導入から現在までの協議会の活動の変化や、活動が変わっていった理由、そして、当初の関

心であった学校運営協議会の導入が、教員のワークモチベーションに与える影響についてであった。

　フィールドワークを継続する一方で、「学校運営協議会の導入が、教員のワークモチベーションに影響を与え、教員のワークモチベーションが、児童の学習の質に影響を与えている」という当初の仮説を量的調査によっても検証するために、フィールドワークの経験も参考にしつつ、全国の地域運営学校の教員を対象とする質問紙調査の項目の作成を行った。先行研究である佐藤晴雄らが2007年に実施した質問紙調査の項目を参考に、学校運営協議会の活動、教員のワークモチベーション、地域運営学校の成果認識、教員による校長の行動に関する認識などを、質問項目として設定した。教員を対象とする質問紙調査は、2009年の1月から3月にかけて郵送法によって実施された。ただし、B校に対しては、筆者とB校との関係を考慮し、郵送法を用いるとB校教員に対して失礼にあたると考え、留置法にて実施された。

　ところが、教員を対象とする質問紙調査のデータを分析した結果、学校運営協議会の活動と教員のワークモチベーション、および教員のワークモチベーションと地域運営学校の成果認識の間には、意味があると解釈できる関係を見いだすことは困難であった。また、B校での教員に対する聞き取り調査のデータを分析した結果、学校運営協議会の導入が、教員のワークモチベーションに影響を与え、教員のワークモチベーションが、児童の学習の質に影響を与えているという仮説は、妥当ではないと考えた。これらのことから、学校運営協議会の導入による学校教育の改善過程において、教員のワークモチベーションは、重要な要因ではないと考えるに至った。こうして、「学校運営協議会の導入が、教員のワークモチベーションに影響を与え、教員のワークモチベーションが、児童の学習の質に影響を与えている」という当初の仮説は棄却された。

（2）　質的調査により仮説を生成する段階

　当初の仮説は棄却されたものの、B校でのフィールドワークや、B校の教員に対するB校のスクールヒストリーについての聞き取り調査により、「学校運営協議会の導入によって、どのように児童の学習の質が高まるのか」という当

初の問題関心に関する興味深いデータを得ることができた。しかし、Ｂ校におけるフィールドワークから収集されたデータのみでは、学校運営協議会の導入による学校教育の改善過程において、どのような要因が重要なのかを特定することが困難であった。

そこで、2009年3月、Ｂ小学校の事例とＡ小学校の事例を比較するために、Ｂ校の校長に、Ａ校の校長への筆者の紹介を依頼し、Ａ校でフィールドワークを実施する許可を得た。そうして、2009年の4月から、Ａ小学校において、学校運営協議会の傍聴と、学校支援ボランティアとしてのフィールドワークを実施した。Ａ校におけるフィールドワークの結果、Ａ校は、Ｂ校ほど、学校運営協議会が導入されたことにより、児童の学習の質が高くなってはいないと思われた。そこで、なぜそのようになったのかを解明するため、2009年の7月から8月にかけて、Ａ小学校の教員に対して、聞き取り調査を実施した。主な調査内容は、学校運営協議会の導入から現在までの協議会の活動の変化や、活動が変わっていった理由についてである。

2010年以降には、Ｂ校とＡ校のスクールヒストリーに関するデータを比較検討した。その結果、教員と委員、地域住民、保護者間の社会的ネットワークの形成が、学校運営協議会の導入と学校教育の改善を媒介する重要な要因であることを発見するに至った。

（3） 生成された仮説を量的調査の分析で検証する段階

一方、2010年には、当時、東京大学の大学院生であった仲田康一氏が企画する学校運営協議会委員に対する質問紙調査作りに参加する機会を得た。そこで、2009年に実施した地域運営学校に所属する教員に対する調査結果との比較を試みるため、地域運営学校の成果認識および、学校運営協議会委員の行動に関する質問項目を、委員に対する質問紙に入れることにした。

「教員と委員、地域住民、保護者間の社会的ネットワークの形成が、学校運営協議会の導入と学校教育の改善を媒介する重要な要因である」という質的調査による発見は、これまでの日本の学校運営協議会研究では、実証されていなかった。そこで、2012年に、本博士論文を執筆するにあたり、すでに実施し

た教員や委員に対する質問紙調査の結果が、質的調査で得られた発見を支持するのか否かという分析枠組から、教員や委員に対する質問紙調査のデータを分析することにした。分析では、どのような学校運営協議会の活動が、どのような地域運営学校の成果認識に影響を与えるのかという観点から分析された。

　また、博士論文を執筆するにあたり、「教員と委員、地域住民、保護者間の社会的ネットワークの形成が、学校運営協議会の導入と学校教育の改善を媒介する重要な要因である」という質的調査による発見が、先行研究のどこに位置づくのかを明確にするために、先行研究の検討を再度試みた。

第4節　研究方法論上の位置づけ

　本節では、本研究の方法論上の位置づけを明確にする。ただし、前節で既述の通り、本研究では、研究デザインを明確に認識して、事前に立てられた計画に沿って調査研究が実施されたとは言えない。したがって、本節では、本研究で実施されてきた調査研究のプロセスを、調査実施の後から振り返って位置づけている。

　（1）では、本研究の「世界的視野」について検討する。（2）では、調査研究デザインについて検討する。（3）では、第3節で示した調査プロセスのそれぞれの段階が、混合研究法（クレスウェルら 2010）の分類の内のどれに相当するのかについて考察する。

（1）　本研究の「世界的視野」

　ここでは、本研究の「世界的視野」について述べる。クレスウェルら（2010: 23-24）によれば、「世界的視野とパラダイムは、どのように我々が世界を見つめるか、すなわち調査研究を実施することを意味する。それらは我々の探究をガイドする基本的な信念や過程を含み、我々の個人的な経験、文化や歴史に深く根を下ろした哲学である」という。その上で、クレスウェルら（2010: 25）は、研究において用いられる4つの世界的視野として、ポスト実証主義、構

第2章　研究課題および研究方法　*37*

成主義、アドボカシーおよび参加型、実用主義を挙げている。このうち、筆者は、構成主義と実用主義の両方の立場を採っていたと思われる。

クレスウェルらは、構成主義と実用主義について次のように述べる。

> 参加者や研究対象者の主観的見方によって形づくられた現象の理解や意味は世界的視野を構成する。参加者が彼らの理解について述べるとき、彼らは他者との社会的交流や彼ら個人の歴史によって形作られた意味から語る。この形式の探究では、研究は「下から上に」形づくられる。すなわち、個人の見方からより広範囲のパターンへ、そして究極的には理論へと形づくられる。　（クレスウェルら 2010: 25）

> 実用主義は、混合研究法とよく関連づけられる。焦点は、手法よりも研究の結果やそもそもの問いかけの重要性にあり、データ収集の多元的手法が研究している問題について情報を提供する。したがって、それは多元論的であり、「役に立つもの」や実践的なものに目が向けられる　　　　　　　　（クレスウェルら 2010: 26）

筆者は、基本的には構成主義の立場にたち、質的調査を中心に研究を進めてきた。しかし、実用主義の観点から、質的調査による帰納的アプローチと量的調査による演繹的アプローチを併用した方が、研究課題をよりよく解明することや、実践的に有用な知見を得ることが可能になると考え、量的調査も実施することにした。

（2）　本研究の調査研究デザイン

クレスウェルら（2010: 5）によれば、「調査研究デザインは、哲学的仮定を特定の研究手法にリンクするアクションプランを意味する。実験的調査研究、アンケート調査、エスノグラフィー、混合研究法はすべて調査研究デザインである」という。このうち、本研究では、調査研究デザインとして、混合研究法を採用していたと考えられる。

クレスウェルらは、混合研究法について、次のように述べている。

> 混合研究法とは、哲学的仮定と探究の研究手法をもった調査研究デザインである。研究方法論として、データ収集と分析の方向性、そして調査研究プロセスにおける多くのフェーズでの質的と量的アプローチの混合を導く哲学的仮定を前提とする。

また、研究手法として、1つの研究、または順次的研究群での量的かつ質的データを集め、分析し、混合することに焦点をあてる。さらに、その中心的前提は、量的・質的アプローチをともに用いるほうが、どちらか一方だけを用いるよりもさらなる研究課題の理解を生むことである。　　　　　　　　　　（クレスウェルら 2010: 5-6)

　本研究は、フィールドワーク、聞き取り調査、資料収集といった質的調査とともに、質問紙調査といった量的調査を併用し、かつ、質的データ分析と量的データ分析を併用している点で、混合研究法を採用していたと言える。クレスウェルが指摘するように、「量的・質的アプローチをともに用いるほうが、どちらか一方だけを用いるよりもさらなる研究課題の理解を生む」という理由から、本研究では、混合研究法を採用した。

（3）　混合研究法の類型における本研究の位置づけ

　クレスウェルら（2010: 66）は、4つの主な混合研究法デザインがあることを指摘している。それらは、トライアンギュレーションデザイン、埋め込みデザイン、説明的デザイン、探究的デザインの4つである。以下、1）では、前節で記述した「量的・質的調査により当初の仮説が棄却された段階」において、本研究の調査デザインが、混合研究法のどのタイプに位置づくのかについて考察する。2）では、前節で記述した「質的調査により仮説を生成する段階」および「生成された仮説を量的調査の分析で検証する段階」において、本研究の調査デザインが、混合研究法のどのタイプに位置づくのかについて考察する。3）では、本研究における質的データと量的データの比較の方法について述べる。4）では、混合研究法に関する本研究の残された課題を示す。

1）　量的・質的調査により当初の仮説が棄却された段階における混合研究法デザインのタイプ

　量的・質的調査により当初の仮説が棄却された段階における混合研究法デザインのタイプは、トライアンギュレーションデザインにあたると考えられる。その理由は次の通りである。

　まず、第3節（1）で述べたように、量的・質的調査により当初の仮説が棄却された段階では、「学校運営協議会の導入が、教員のワークモチベーショ

ンに影響を与え、教員のワークモチベーションが、児童の学習の質に影響を与えている」という緩やかな仮説を、量的および質的調査研究の両面から検証することを試みていた。

クレスウェル（2010: 69）によれば、トライアンギュレーションデザインの目的は、調査研究課題を最もよく理解するために、同じトピックに関する、異なるが補足的なデータを得ることにあるという。量的・質的調査により当初の仮説が棄却された段階では、同じ仮説に対して、量的データと質的データの両方を収集し、分析することが試みられていた。

また、「トライアンギュレーションデザインは、調査研究者が量的および質的手法を同じ時間枠の中で平等の重みを置いて実施するシングルフェーズのデザインである」とされる（クレスウェルら 2010: 69）。本研究において、量的・質的調査により当初の仮説が棄却された段階では、量的調査と質的調査は同じ時間枠の中で平等の重みを置いて実施されていた。

以上のことから、量的・質的調査により当初の仮説が棄却された段階における混合研究法デザインのタイプは、トライアンギュレーションデザインに位置づけられると考える。

2）　質的調査により仮説を生成する段階および、生成された仮説を量的調査の分析で検証する段階における混合研究法デザインのタイプ

質的調査により仮説を生成する段階および、生成された仮説を量的調査の分析で検証する段階では、質的データの収集・分析ではじまり、後に量的データ分析が行われている。しかし、第3節（1）で述べたように、本研究では、質的研究の結果を受けて、質問紙調査が作成されてはいない。この点から、この混合研究法のデザインは、探究的デザインとは言えない。むしろ、本研究では、同時並行で質的・量的データが収集されているため、この段階の調査研究デザインは、トライアンギュレーションにあたると考えられる。ただし、この段階におけるデータ分析は、通常、トライアンギュレーションデザインで使われるとされる並行的データ分析ではなく、順次的データ分析にあたると思われる。

3） 質的データと量的データの比較の方法

本研究では、量的研究と質的研究の分析結果を、総合的考察の段階で比較する。量的研究を扱う第3章と第4章の部分においては、量的調査から得られたデータについて議論する。一方、質的研究を扱う第5章と第6章、第7章の部分においては、質的調査から得られたデータについて議論する。

この質的データと量的データの比較という点に関して、クレスウェルら（2010: 158）は、「研究の考察議論セクションで量的および質的データの結果の類似点検証による比較を行うこともできる」と指摘している。本研究における質的データと量的データの比較の方法は、このクレスウェルの指摘に相当する。

4） 混合研究法に関する本研究の残された課題

本研究では、質的調査研究によって明らかになったことをもとに、質問紙調査の項目を作成してはいない。だが、質的調査研究によって明らかになったことをもとに、改めて、全国の地域運営学校の校長や教員、学校運営協議会委員を対象とした研究を実施し、本研究により得られた結論の確認、修正を行う必要がある。よって、今後、質的調査研究によって、明らかになったことをもとに、質問紙調査項目を作成し、質問紙調査を実施することが課題として残されている。これをクレスウェル（2010）の分類に従って言えば、今後、探求的デザインを採用し、順次的データ分析を試みる必要がある、ということになろう。この点については今後の課題としたい。

第3章

学校運営協議会における活動と
地域運営学校の成果認識の実態

第1節 目 的

学校運営協議会の導入による学校教育の改善過程を解明するにあたって、まずは、学校運営協議会の実態の全国的な傾向を把握しておく必要があるだろう。特に、学校運営協議会で行われている活動、および地域運営学校の成果認識の全国的な傾向を捉えておくことは必要である。

学校運営協議会の実態の全国的な傾向については、すでに、佐藤晴雄ら（2010）が、全国の地域運営学校の校長に対する質問紙調査を実施している。しかし、校長の認識を把握するのみでは、学校運営協議会の実態を捉えそこなっている可能性がある。だが、第1章で指摘したように、学校運営協議会に関する量的調査研究では、学校運営協議会における活動や、その成果について、教員や委員の認識は解明されていない。この点を受け、本研究では、第1の研究課題を「学校運営協議会における活動や、その成果について、教員や委員の認識を解明すること」とした。

そこで、本研究では、地域運営学校に所属する教員と、全国の学校運営協議会委員に対する質問紙調査を行った。本章の目的は、これらの質問紙調査の単純集計結果から、学校運営協議会の活動と、地域運営学校の成果認識の実態を明らかにすることである。

なお、佐藤晴雄ら（2010）の質問項目と、筆者が実施した調査の質問項目は、一部が共通している。そのため、佐藤晴雄ら（2010）で公表されている

単純集計結果も適宜参照しながら、学校運営協議会の活動、および地域運営学校の成果認識を明らかにしていきたい。

第2節　方　　法

（1）調査の概要

　教員に対する質問紙調査の概要は以下の通りである。全国の地域運営学校に指定された小学校の教員を対象に、郵送法による質問紙調査を実施した。調査は2009年1月から3月にかけて実施された。調査時点で地域運営学校に指定された小学校全243校に対して調査協力の依頼を行った上で、了承を得られた27校に対して当該校の教員の人数分の質問紙を配布した。調査票の送付と回収は学校単位で行った。配布した調査票458通のうち、返信のあった教員用調査票は27校分267通であった。配布した調査表を分母とする回収率は、58.3%であった。ただし、質問紙を回収できた学校が全体の1割ほどであるため、本調査のデータは、母集団を代表しているとは言い難い。ただし、学校運営協議会の活動や、地域運営学校の成果認識の傾向を把握することは可能だと考える。

　回答については、「あてはまる」「ややあてはまる」「あまりあてはまらない」「あてはまらない」の4件法で回答を得た。調査項目は、佐藤晴雄ら（2010）の質問紙調査を参考にしつつ、後述するB校におけるフィールドワークやインタビュー調査の経験をもとに作成した。分析はSPSS（17.0）を用いて行った。

　教員に対する質問紙調査の回答者の内訳は、表3-1の通りである。

　教員に対する質問紙調査の配布に際しては、回答によって個人が特定されることがないようプライバシーを保護することを調査票の表紙に明記した。回答にあたっては、調査が強制ではなく本人の自由意思であり、無回答のまま提出してもよいこと、また、調査に同意しなくても不利益が及ぶことがないことについても明記し周知した。そして、この調査は、筑波大学大学院人間総合科学研究科研究倫理委員会の承認を受けて実施されていることも明記した。

第 3 章　学校運営協議会における活動と地域運営学校の成果認識の実態　*43*

表 3-1　地域運営学校の教員調査における回答者の内訳

教職経験年数 （251 名）	1 ～ 10 年目 79 名	11 ～ 20 年目 74 名	21 ～ 30 年目 79 名	31 ～ 41 年目 19 名
性別（252 名）	女性 151 名（59.9％）		男性 101 名（40.1％）	
職位（255 名）	主幹教諭 3 名（1.2％）		指導教諭 4 名（1.6％）	
	教諭 226 名（88.6％）		いずれでもない 22 名（8.6％）	
2008 年度の学校運営協議会への参加形態（252 名）	協議会委員として参加			44 名（17.5％）
	協議会委員ではなく校務分掌の関係で参加			41 名（16.3％）
	委員、校務分掌の関係ではないが参加			45 名（17.9％）
	参加しなかった			122 名（48.4％）
2008 年度の学校運営協議会への参加割合（260 名）	8 割以上 61 名（23.5％）	8 割～ 6 割 7 名（2.7％）	6 割～ 4 割 10 名（3.8％）	4 割～ 2 割 20 名（7.7％）
	2 割未満 31 名（11.9％）	参加しなかった 131 名（50.4％）		

　学校運営協議会委員に対する質問紙調査の概要は以下の通りである。この質問紙調査は、2010 年 2 月に、大林正史、仲田康一、武井哲郎によって企画、実施された[1]。本調査では、2010 年 1 月時点におけるすべての学校運営協議会設置校（468 校）に対して調査票が配布された。校長に対して調査を依頼し、委員から個別に調査票を回収した。その結果、631 通の委員票を回収した。委員票のみ返送されてきた学校も存在したため、厳密には回収率を把握することができなかった。回収率についての補足情報を述べると、校長票が回収された116 校分の全委員数は 1,620 人であり、そのうち 333 人（26.4％）の調査票が回収されている。本研究で分析されるのは、631 通の委員票のうち、小学校における学識経験者と地域住民、保護者の計 320 名分の委員データである。なお、質問紙においては各質問に対して 4 件法（当てはまる、少し当てはまる、あまり当てはまらない、当てはまらない）で回答を得た。調査項目は、佐藤晴雄（2010）や、上記の教員を対象とした質問紙調査を参考にしつつ、調査実施者の合議を経て作成された。

表 3-2　学校運営協議会委員調査における回答者の内訳

年齢（318名）	35～44歳 67名	45～54歳 67名	55～64歳 67名
	65～74歳 96名	75～83歳 21名	
性別（316名）	女性 109名（34.5%）	男性 207名（65.5%）	
教職歴（313名）	教職歴あり 45名（14.4%）	教職歴なし 268名（85.6%）	
委員区分 （320名）	地域住民 198名	保護者 66名	学識経験者 20名
	保護者かつ地域住民 23名	地域住民かつ学識経験者 11名	
	保護者かつ学識経験者 1	保護者かつ地域住民かつ学識経験者 1名	
役職（279名）	会長 49名（17.6%）	副会長 44名（15.8%）	その他　　　特になし 52名（18.6%）　134名（48%）
会議への出席 頻度（302名）	10割 180名	9割 60名	8割　　　　7割 36名　　　12名
	6割 4名	5割 4名	4割以下 6名

　委員に対する質問紙調査の回答者の内訳は、表3-2の通りである。

　委員に対する質問紙調査は、東京大学が主体となって実施されたため、調査実施に際して研究倫理審査委員会の承認を経ていない。なお、委員に対する質問紙調査の配布に際しては、回答によって個人が特定されることがないようプライバシーを保護することを調査票の表紙に明記した。回答にあたっては、調査が強制ではなく本人の自由意思であり、無回答のまま提出してもよいこと、また、調査に同意しなくても不利益が及ぶことがないことについても明記し周知した。

　佐藤晴雄ら（2010）が行った質問紙調査は、2007年10月から11月にかけて、2007年7月時点での地域運営学校全213校の校長に対して実施された。質問紙は、185校から回収され、その回収率は86.9%である。この調査は文部

科学省の協力を得ており、回収率は非常に高いと言える。185校のうち、小学校は130校である。本研究では、佐藤晴雄ら（2010）によって公開されている小学校のデータのみを検討の対象とする。

（2）分析方法

本章では、単純集計の結果から、学校運営協議会の活動、および地域運営学校の成果認識を明らかにする。

なお、研究課題などに関わって、考察の観点として次の4点を設定する。

第1に、法律や答申で期待されていた学校運営協議会の役割は、実際にはどの程度行われているのか。

第2に、研究課題1に関わって、学校運営協議会における活動や、地域運営学校の成果について、校長と教員、委員の認識はどの程度異なるのか。

第3に、研究課題5に関わって、学校経営参加機関が学校教育の改善に影響を与える過程に関する3つの理論に関する活動が、実際には、学校運営協議会において、どの程度行われているのか。

第4に、研究課題5に関わって、地域運営学校において、学校教育の改善に関わる成果は、どの程度認識されているのか。

以上の観点から、第3節では、学校運営協議会における活動の実態を検討する。そして、第4節では、地域運営学校の成果認識の実態を検討する。

第3節　学校運営協議会における活動の実態

本節では、学校運営協議会における活動の実態を分析していく。（1）では、教員による学校運営協議会で重視されている活動の認識を分析する。（2）では、学校運営協議会委員が意見を反映させる程度を分析する。（3）では、学校運営協議会委員が携わっている活動を分析する。（4）では、佐藤晴雄ら（2010）による質問紙と共通した質問項目を比較することを通して、学校運営協議会の活動の実態を分析する。（5）では、上記の結果をまとめた上で考察

46

を加える。

（1） 教員の認識による学校運営協議会で重視されている活動

　教員の認識における学校運営協議会で重視されている活動の単純集計の結果を図 3-1 に示す。

　以下、「あてはまる」または「ある程度あてはまる」と答えた委員の割合に着目する。図 3-1 から、次の 3 点を指摘できる。

　第 1 に、「授業における地域人材の活用」(78.6％)、「児童の安全を確保する取り組み」(74.6％)、「児童の学習を支援する取り組み」(68.9％)、「学校行事の支援」(68.2％)、「学校環境の整備」(64.4％) といったように、教育活動の支援に関する項目が最も重視されている。

　第 2 に、「学校評価の協議」(62.5％)、「学校経営方針の協議」(51.7％)、といった学校経営の方向性に関わる事項の協議が重視されている。

　第 3 に、「教職員の資質向上の協議」(27.3％)、「学校予算の協議」(23.2％)、「教育課程編成の協議」(18.4％)、「教員評価の協議」(18.4％)、「教員人事の協議」(14.9％) のような個別の学校経営領域である教育課程や人事、財務の協議に関しては、教員の認識によれば、学校運営協議会において、比較的重視されていない。

（2） 学校運営協議会委員が意見を反映させる程度

　学校運営協議会において、委員が自身の意見を反映させる程度に関する単純集計の結果を図 3-2 に示す。以下、「当てはまる」または「ある程度当てはまる」と答えた委員の割合に着目する。図 3-2 から、次の 3 点を指摘できる。

　第 1 に、「地域・保護者の巻き込み方」(66.7％)、「地域人材の活用」(64.4％)、「家庭教育に関する保護者の意識啓発」(53.2％) といったように、委員は、家庭・地域との連携について、意見を最も多く反映させていることがわかる。このことから、委員は、学校と家庭、地域を結ぶ働きをすることで、学校教育を支援している可能性を指摘できる。家庭・地域との連携に関する意見反映が委員によって多く行われていることは、学校運営協議会における教育活動の支援

第3章　学校運営協議会における活動と地域運営学校の成果認識の実態　47

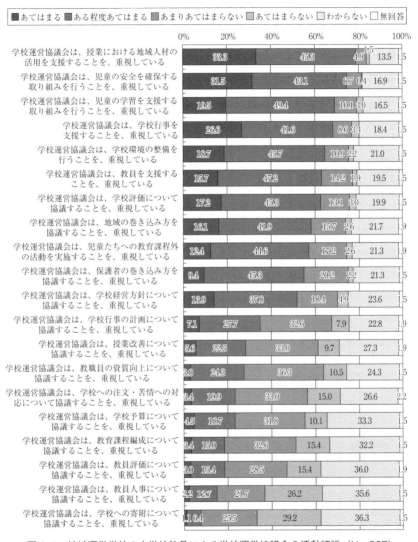

図3-1　地域運営学校の小学校教員による学校運営協議会の活動認識（N＝267）

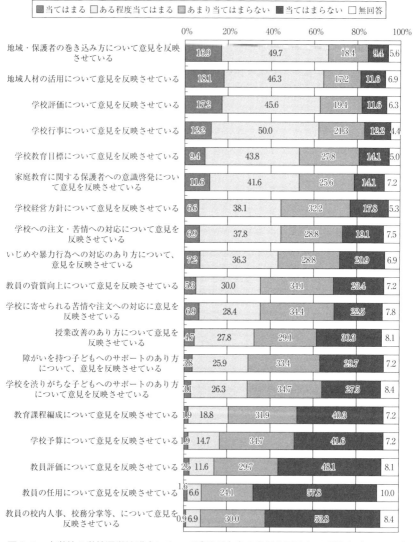

図3-2　小学校の学校運営協議会において委員が自身の意見を反映させる程度（N＝320）

第3章 学校運営協議会における活動と地域運営学校の成果認識の実態　49

の重視が教員によって多く認識されていることに対応している。

　第2に、「学校評価」（62.8%）、「学校教育目標」（53.2%）、「学校経営方針」（44.7%）といった学校経営の方向性に関わる項目についても、委員は意見を多く反映させている。このことは、学校経営の方向性に関わる事項の協議の重視が教員によって多く認識されていることに対応している。

　第3に、「授業改善のあり方」（32.5%）、「教育課程編成」（20.7%）、「学校予算」（16.6%）、「教員評価」（14.1%）、「教員の任用」（8.2%）といった個別の学校経営領域に関する項目については、委員は比較的意見を反映させていない。ここから、学校運営協議会において、委員が、具体的な学校経営領域については、その意見を反映させることができていない可能性を指摘できる。このことは、個別の学校経営領域に関わる事項の協議の重視が教員によって比較的認識されていないことに対応している。

（3）　学校運営協議会委員が携わっている活動

　学校運営協議会において、委員が携わっている活動に関する単純集計の結果を図3-3に示す。以下、「当てはまる」または「ある程度当てはまる」と答えた委員の割合に着目する。図3-3から、次の2点を指摘できる。

　第1に、「行事運営支援」（65.3%）、「安全確保」（64.1%）、「環境整備」（58.8%）、「ボランティアの統括」（46.9%）、「授業支援」（45.3%）、「放課後の居場所づくり」（32.5%）といった学校を支援する領域について、委員自身が積極的にボランティアを実施していることを指摘できる。また、委員は、「合同運動会やお祭りのような学校と地域が関わる行事の企画」（49.0%）にも、少なからず関わっている。

　第2に、「学校運営協議会の広報業務」（19.4%）、「地域運営学校の研究発表会の手伝い」（18.2%）、「学校評価やアンケートの集計・入力業務」（11.5%）といったような、学校運営協議会の運営に関わる事務については、学校運営協議会委員は比較的従事していない。よって、学校運営協議会委員は、学校教育により直接的に関わる教育活動に従事していることが多く、より間接的な事務作業に従事していることは少ないと言える。

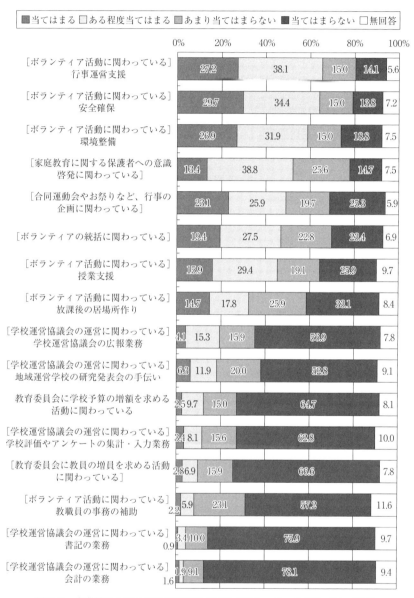

図 3-3　小学校における学校運営協議会委員が携わっている活動 （N＝320）

（4） 先行研究と共通した質問項目の比較

　既述したように、地域運営学校に所属している教員に対する調査と、学校運営協議会委員に対する調査の質問項目は、佐藤晴雄ら（2010）らが作成した質問項目を参考に作成された。よって、一部の質問項目が共通している。そこで、本項では、共通する項目を比較することで、学校運営協議会の活動の実態を明らかにしたい。

　表3-3は、3つの質問紙に共通する質問項目に関して、「よく取り上げる」、もしくは、「あてはまる」「ある程度あてはまる」、あるいは、「当てはまる」「ある程度当てはまる」と答えた者の割合を並べたものである。校長のデータは、佐藤晴雄ら（2010）に掲載されているものである。佐藤晴雄ら（2010）の質問紙における教示文は、「これまで学校運営協議会では、以下の事項を取り上げたことがありますか。各問に当てはまる選択肢を選んでください」であり、その選択肢は、「よく取り上げられる」「ときどき取り上げられる」「取り上げられたことはない」の3つである。一方、教員を対象とした質問紙における教示文は、「先生の学校の学校運営協議会では、以下の内容がどの程度当てはまりますか。当てはまる選択肢の番号に○をつけてください（もしわからなけれ

表3-3　小学校の学校運営協議会の活動に関する校長、教員、学校運営協議会委員の認識

対象　　　質問項目	校長　取り上げた議題　よく取り上げる	順位	教員　重視されている活動　あてはまる＋ある程度あてはまる	順位	学校運営協議会委員　意見を反映させている活動　当てはまる＋ある程度当てはまる	順位
地域人材の活用	64.6（%）	1	78.6（%）	1	64.4（%）	1
学校評価	55.4	2	62.5	3	62.8	2
学校行事	52.3	3	68.2	2	62.2	3
授業改善	31.5	4	28.1	4	32.5	5
教育課程	24.8	5	18.4	7	20.7	6
学校予算	10.8	6	23.2	6	16.6	7
教員評価	6.2	7	18.4	7	14.1	8
教員の資質向上	5.4	8	27.3	5	35.3	4
教員の任用	3.1	9	14.9	9	8.2	9

ば、「わからない」の選択肢に○をつけてください)」であり、その選択肢は、「あてはまる」「ある程度あてはまる」「あまりあてはまらない」「あてはまらない」「わからない」の５つである。委員を対象とした質問紙における教示文は、「学校運営協議会で、あなたは自分の意見をどの程度反映させていますか。次のそれぞれで当てはまる選択肢の番号に○をつけてください」であり、その選択肢は、「当てはまる」「ある程度当てはまる」「あまり当てはまらない」「当てはまらない」の４つである。このように質問紙の教示文や、選択肢の文言、質問項目の文言がそれぞれ多少異なるが、学校運営協議会における活動の傾向を把握する上では問題はないと考える。

表3-3において、校長の数字は、「よく取り上げる」と回答した校長の割合を示している。教員および学校運営協議会委員の数字は、「あてはまる」「ある程度あてはまる」、もしくは、「当てはまる」および「ある程度当てはまる」と回答した者の割合を示している。

表3-3から、「教員の資質向上」以外の項目では、活動が行われる割合に関する順位がおよそ似通っていることがわかる。したがって、この表3-3から、学校運営協議会においては、次のような活動が行われている傾向があることが推察される。

第1に、学校運営協議会においては、「地域人材の活用」や「学校行事」といった学校と家庭、地域を結びつけるような教育活動の支援について、最もよく協議されている。

第2に、次いで、「学校評価」も比較的よく協議されている。

第3に、「授業改善」や「教育課程」「学校予算」「教員評価」「教員の任用」といった学校経営の個別領域については、比較的協議されていない。

なお、これらの知見は、上述してきた教員や委員に対する質問紙調査結果から得られた知見とほぼ同様である。したがって、校長と教員、委員の間には、学校運営協議会における活動について、大きな認識の差はないと考えられる。

（5） 学校運営協議会の活動に関するまとめと考察

　本項では、学校運営協議会の活動についてまとめた上で、考察を加える。上記の検討の結果、次の３点が明らかとなった。

　第１に、学校運営協議会においては、「地域人材の活用」や「学校行事」といった学校と家庭、地域を結びつけるような教育活動の支援について、最もよく協議されている。また、学校運営協議会委員は、学校運営協議会において協議するのみならず、自らが積極的に教育活動を支援する活動に従事していた。

　これらのことから、研究課題５に関わって言えば、学校運営協議会において、地域住民や保護者と教員間のネットワークの形成に関わる活動が、実際には多く行われていると考えられる。なお、このような教育活動の支援に関する活動は、法律や答申では、期待されてはいなかった。法律や答申で期待されていない活動が、実際には多く実施されていることへの評価については、終章で言及したい。

　第２に、学校運営協議会においては、「学校評価」や「学校経営方針」といった学校経営の方向性に関わる事項についても、比較的よく協議されている。序章で確認したように、学校運営協議会に期待されている役割は、「校長が作成する学校運営の基本的な方針を承認し、学校運営や人事に関する意見を教育委員会や学校に述べることを通して、保護者や地域住民のニーズを学校運営に反映させ、学校の活動をチェックすること」である。したがって、こうした学校経営の方向性に関わる事項の協議は、学校運営協議会制度の趣旨に沿った活動だと言える。

　また、学校評価や学校経営方針が協議される際には、校長や教員に対するアカウンタビリティの追求が行われる可能性があると考えられる。また、学校経営方針の協議には、学校の定義の問い直しが含まれている可能性がある。したがって、研究課題５に関わって言えば、校長や教員に対するアカウンタビリティの追求や、学校の定義の問い直しも、学校運営協議会において、少なからず行われていることが推察される。

　第３に、学校運営協議会においては、「授業改善」や「教育課程」「学校予算」「教員評価」「教員の任用」といった学校経営の個別領域については、比較的協

議されていない。「授業改善」や「教育課程」といった事項があまり協議され
ていないことについては、これらの事項が教職の専門性に深く関わることか
ら、素人である学校運営協議会委員が、意見を反映させにくいという事情が、
背景にあると思われる。

　また、「教員評価」「教員の任用」といった教員の人事については、地方教育
行政の組織及び運営に関する法律第 47 条の 5 に、学校運営協議会が、学校の
職員の人事について、教育委員会に対して意見を述べる権限を有していること
が明記されている。しかし、実際には、学校運営協議会において、教員の人事
に関する議題が重視されることは少ないようである。この点については、橋本
ら（2010: 143）も、「教員人事については、教員一般の力量に関する意見が出
されるところが多少は存在するものの、多くが意見はだされなかったというこ
とであった」と指摘している。本調査研究の結果は、この橋本ら（2010）の
見解を支持するものである。

　先行研究との関連については、次の 2 点を指摘できる。

　第 1 に、学校運営協議会委員は、学校運営協議会において協議するだけで
はなく、自らが積極的に教育活動を支援する活動に従事していることが新た
に明らかになった。これまでの学校運営協議会を対象とした研究（佐藤晴雄ら
2010、橋本ら 2010）によって、学校運営協議会での議題の内容については明
らかにされてきた。しかし、学校運営協議会委員が、自ら教育活動を支援する
活動に従事していることや、その実態については明らかにされてこなかった。

　第 2 に、研究課題 1 に関わって言えば、学校運営協議会の活動内容につい
ては、校長と教員、委員の間に、大きな認識の相違がないことが明らかになっ
た。換言すれば、本調査研究の結果は、学校運営協議会の活動内容に関して
は、佐藤晴雄（2010）や橋本ら（2010）が明らかにしたことを追認したも
のとして位置づけられる。

第3章　学校運営協議会における活動と地域運営学校の成果認識の実態　55

第4節　地域運営学校の成果認識の実態

　本節では、地域運営学校の成果認識の実態を分析していく。（1）では、教員による地域運営学校の成果認識を分析する。（2）では、委員による地域運営学校の成果認識を分析する。（3）では、佐藤晴雄ら（2010）による質問紙と共通した質問項目を比較することを通して、地域運営学校の成果認識の実態を分析する。（4）では、上記の結果をまとめた上で考察を加える。

（1）　教員による地域運営学校の成果認識

　教員による地域運営学校の成果認識に関する単純集計の結果を図3-4に示す。以下、「あてはまる」または「ある程度あてはまる」と答えた委員の割合に着目する。図3-4から、次の6点を指摘できる。

　第1に、「地域住民が学校に協力的になった」（78.6％）、「地域住民が学校の実態をよく理解するようになった」（70.5％）、「保護者が学校に協力的になった」（66.3％）、「保護者が学校の実態をよく理解するようになった」（61.5％）、「地域住民が教職員を信頼するようになった」（56.9％）といった、教員と地域住民・保護者との連携促進に関する項目の成果認識が最も高い。

　第2に、「特色ある学校づくりが進んだ」（77.1％）、「学校が活性化した」（66.7％）のように、学校の多様化や活性化に関する項目の成果認識が高い。

　第3に、「児童の学習意欲が高まった」（56.2％）、「児童の『活用』分野の学力が向上した」（48.7％）のように、児童の学力向上に関する項目の成果認識は比較的高くはない。

　第4に、「自分自身が教育実践をよく反省するようになった」（51.6％）、「自分自身が新しい授業実践を多くするようになった」（51.3％）のように、教員による教育活動の創造に関する項目の成果認識は比較的高くない。地域運営学校の成果としての、教員による教育活動の創造は、教員によって、あまり認識されていないと言える。

　第5に、「児童が他の児童を大切にするようになった」（39.0％）、「いじめ問

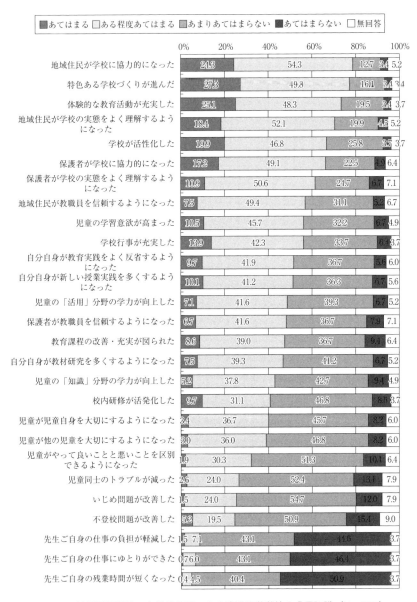

図 3-4　地域運営学校の小学校教員による地域運営学校の成果認識（N＝267）

題が解決した」（25.5％）のように、生活指導上の問題解決に関する項目の成果認識が低い。

第6に、最も成果認識が低いのは、「先生ご自身の仕事の負担が軽減した」（8.6％）のような教員の負担軽減に関する項目である。

（2） 学校運営協議会委員による地域運営学校の成果認識

学校運営協議会委員による地域運営学校の成果認識に関する単純集計の結果を図3-5に示す。以下、「当てはまる」または「ある程度当てはまる」と答えた委員の割合に着目する。図3-5から、次の5点を指摘できる。

第1に、「学校は地域に情報提供を積極的に行うようになった」（80.3％）、「地域が学校に協力的になった」（78.8％）、「地域が学校の実態をよく理解するようになった」（75.9％）、「地域が教職員を信頼するようになった」（58.1％）といった教員と地域住民・保護者との連携促進に関する項目の成果認識が最も高い。

第2に、「学校が活性化した」（75.0％）、「特色ある学校づくりが進んだ」（73.4％）、「教職員の意識改革が進んだ」（57.9％）のように、学校の多様化や活性化に関する項目の成果認識が高い。

第3に、「保護者が学校に協力的になった」（53.8％）、「保護者が学校の実態をよく理解するようになった」（53.5％）、「保護者が教職員を信頼するようになった」（51.0％）といった学校と家庭間の連携に関する項目が高い。

第4に、「園児・児童・生徒の学習意欲が高まった」（53.4％）、「園児・児童・生徒の学力が向上した」（47.5％）のように、教員による教育活動の創造に関する項目の成果認識は比較的高くない。

第5に、「いじめ問題が解決した」（28.7％）、「園児・児童・生徒同士のトラブルが減った」（27.2％）、「不登校問題が改善した」（24.7％）のように、生活指導上の問題解決に関する項目の成果認識が低い。

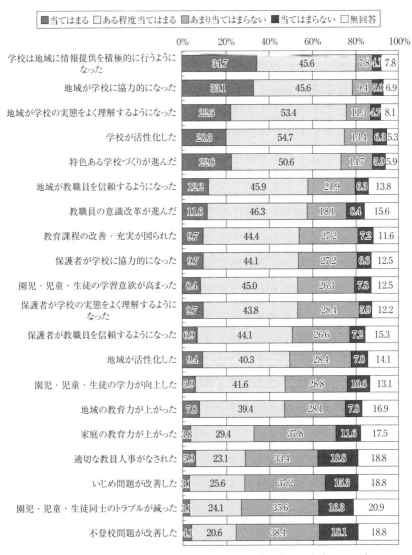

図3-5　学校運営協議会委員による地域運営学校の成果認識（N＝320）

（3）　先行研究と共通した質問項目の比較

　本項では、佐藤晴雄ら（2010）らが作成した校長に対する質問紙と、教員に対する質問紙、委員に対する質問紙に共通する項目の比較を行う。共通する項目を比較することで、地域運営学校の成果認識の実態を明らかにしたい。

　表3-4は、3つの質問紙に共通する質問項目に関して、「当てはまる」「ある程度当てはまる」、もしくは、「あてはまる」「ある程度あてはまる」と答えた者の割合を並べたものである。校長のデータは、佐藤晴雄ら（2010）に掲載されているものである。3つの質問紙の教示文、および選択肢の文言は、ほぼ共通している。

　表3-4から、教員は、校長や委員に比べ、「教育課程の改善・充実が図られた」の項目の成果認識がやや低い傾向がある。また、委員は、「保護者が学校に協力的になった」の項目の成果認識がやや低い傾向がある。これらのことから、自分がよく知っている領域についての成果認識は低くなる傾向があることを指摘できよう。

表 3-4　小学校における地域運営学校の成果に関する
校長、教員、学校運営協議会委員の認識

質問項目	校　　長		教　　員		学校運営協議会委員（教員除く）	
	当てはまる＋ある程度当てはまる	順位	あてはまる＋ある程度あてはまる	順位	当てはまる＋ある程度当てはまる	順位
地域が学校に協力的になった	88.5（％）	1	78.6（％）	1	78.7（％）	1
特色ある学校づくりが進んだ	83.1	2	77.1	2	73.4	3
学校が活性化した	82.3	3	66.7	3	75.0	2
保護者が学校に協力的になった	67.7	4	66.3	4	53.8	5
教育課程の改善・充実が図られた	65.3	5	47.6	6	54.1	4
児童生徒の学習意欲が高まった	56.2	6	56.2	5	53.4	6

60

　しかし、それ以外の項目では、地域運営学校の成果認識の順位がおよそ似通っていることがわかる。したがって、この表3-4から、学校運営協議会においては、次のような成果が認識される傾向があることがわかる。

　第1に、「地域が学校に協力的になった」について、校長、教員、委員のすべてが、最も成果を認識している。

　第2に、「特色ある学校づくりが進んだ」「学校が活性化した」について、校長、教員、委員のすべてが2番目、もしくは3番目に高い成果を認識している。

　第3に、「保護者が協力的になった」について、校長、教員、委員のすべてが、4番目、もしくは5番目に高い成果を認識している。

　第4に、「児童の学習意欲が高まった」について、校長、教員、委員のすべてが、5番目、もしくは6番目に高い成果を認識している。

　これらの知見は、上述してきた教員や委員に対する質問紙調査結果から得られた知見とほぼ同様である。したがって、校長と教員、委員の間には、地域運営学校の成果に関しても大きな認識の差はないと考えられる。

（4）　地域運営学校の成果認識に関する考察

　本項では、地域運営学校の成果認識についてまとめた上で、考察を加える。上記の検討の結果、次の6点が明らかとなった。

　第1に、「地域が学校に協力的になった」「地域が学校を信頼するようになった」といった項目に関する成果認識が高いことから、研究課題5に関わって言えば、学校運営協議会の導入によって、教員と地域住民間のネットワークや、信頼、互酬的関係が、比較的多数の学校で形成されている可能性がある。また、このような教員と地域住民間の連携・協力の促進は、答申において、想定されていた成果であった。

　第2に、「特色ある学校づくりが進んだ」「学校が活性化した」といった項目に関する成果認識も高いことから、比較的多くの学校で、学校が地域の独自性に応じて多様化されたり、学校が活性化したりしていることがうかがえる。また、このような学校の多様化の促進は、答申において、想定されていた成果であった。だが、学校が地域の独自性に応じて多様化されたり、学校全体が活

気づいたりすることが、学校教育の改善、すなわち、新たな教育活動が生み出され、児童の学習活動の質的改善をもたらすのかどうか、は別途問われなければならない。

第3に、「保護者が学校に協力的になった」「保護者が学校を信頼するようになった」という項目を肯定する校長や教員、委員が6割ほどいることから、研究課題5に関わって言えば、学校運営協議会が導入されたことによって、教員と保護者間のネットワークや、信頼、互酬的関係も、比較的多数の学校で形成されていると考えられる。ただし、学校と地域間のネットワークや信頼、互酬的関係の形成に比べれば、学校と家庭間のネットワークや信頼、互酬的関係は、あまり形成されてはいないと言える。

第4に、「児童の学習意欲が高まった」という項目を肯定する校長や教員、委員が5割ほどであることから、児童の学力向上に関する地域運営学校の成果認識はあまり高くないと言える。序章において、「児童の学力向上」は、「児童の学習活動の質的改善」を構成する要素の1つであると定義した。また、「児童の学習活動の質的改善」は、「学校教育の改善」を構成する要素の1つであると定義した。したがって、学校運営協議会の導入によって「学校教育の改善」が起こった学校は、多くはないことが推察される。

第5に、「児童が他の児童を大切にするようになった」や、「いじめ問題が解決した」といった項目を肯定する教員や委員が4割以下であることから、生活指導上の問題解決に関する項目の成果認識は低いと言える。序章において、「生活指導上の問題解決」は、「児童の学習活動の質的改善」を構成する要素の1つであると定義した。また、「児童の学習活動の質的改善」は、「学校教育の改善」を構成する要素の1つであると定義した。したがって、学校運営協議会が導入されたことによって、「学校教育の改善」が起こった学校は、やはり多くはないことが推察される。

第6に、「先生ご自身の仕事の負担が軽減した」のような教員の負担軽減に関する項目を肯定する教員がほとんどいないことから、学校運営協議会が導入されたことによって、教員の負担が増大している可能性を指摘できる。学校運営協議会が導入されたことによって、教員の負担が増大しているとするなら

ば、学校運営協議会の導入によって「学校教育の改善」が起こっていない学校では、学校運営協議会の導入によって、児童の学習活動の質が低下している可能性もあると考えられる。上記で明らかにしたように、学校運営協議会の導入によって「学校教育の改善」が起こっていない学校が少なくないことを考えれば、学校運営協議会の導入による児童の学習活動の質の低下に関する実態やその過程を明らかにする必要がある。しかし、そのような実態や過程については、本研究で明らかにすることはできなかった。この点については今後の課題としたい。

　先行研究との関連については、研究課題1に関わって、次の2点を指摘できる。

　第1に、自分がよく知っている領域についての地域運営学校の成果認識は低くなる傾向があることが新たに明らかになった。これまでの地域運営学校の成果認識について明らかにしてきた研究（佐藤晴雄ら 2010）は、校長による地域運営学校の成果認識のみを明らかにしてきた。よって、校長、教員、委員の間で、どのように地域運営学校の成果認識の傾向が異なるのかは明らかにされてこなかった。

　第2に、とはいえ、地域運営学校の成果認識については、校長と教員、委員の間に、大きな認識の相違がないことも明らかになった。換言すれば、本調査は、主として、地域運営学校の成果認識についても、佐藤晴雄ら（2010）が明らかにしたことを追認したものとして位置づけられる。

　次章では、学校運営協議会において、どのような教育活動が行われることが、どのような成果が認識されることに影響を与えるのかについて検討する。

注
1）　学校運営協議会委員に対する調査項目は、当時、東京大学の大学院生であった仲田康一氏、武井哲郎氏と、筆者の合議によって作成された。調査項目の作成について、3人の関与は同等であった。質問紙の送付および、回収、入力の費用は、東京大学関係者が負担している。なお、本論文における分析は、筆者が独自に実施したものである。また、この委員に対する質問紙の調査データを本論文で使用することについては、仲田康一、武井哲郎両氏の同意を得ている。

第4章

学校運営協議会における活動と
地域運営学校の成果認識の関連

第1節　目　的

　本研究の第2の研究課題は、「学校運営協議会において、どのような活動が、どのような成果認識に影響を与えるのかを解明すること」であった。そこで、本章では、学校運営協議会において、どのような活動が行われることが、どのような成果が認識されることに影響を与えるのかを明らかにすることを目的とする。

　第1章で指摘したように、これまでの学校運営協議会に対する量的調査研究（佐藤晴雄ら 2010、橋本ら 2010）では、どのような活動が行われることが、どのような成果が認識されることに影響を与えるのかについて分析されてこなかった。しかし、学校運営協議会の導入による学校教育の改善過程を解明するためには、どのような活動が行われることが、どのような成果が認識されることに影響を与えるのかを量的調査にて明らかにする必要があると考える。

　また、本研究の第5の研究課題は、「日本の学校運営協議会において、学校経営参加機関が学校教育の改善に影響を与える過程に関する3つの理論がどのように当てはまるのかを解明すること」であった。そこで、本節では、この3つの理論に関連する3つの仮説を設定する。

　第1の仮説は、「学校運営協議会において、学校経営の方向性に関わる事項が協議されることは、新たな教育活動の創造や、児童の学力向上、生活指導上の問題解決に影響を与える」である。第3章での検討によって、学校運営協

議会においては、「学校評価」や「学校経営方針」といった学校経営の方向性に関わる事項について、比較的よく協議されていることが明らかになった。このような学校経営の方向性に関わる事項が協議される中で、校長や教員に対するアカウンタビリティの追求や、学校の定義の問い直しが行われると考えられる。こうした校長や教員に対するアカウンタビリティの追求や、学校の定義の問い直しが、新たな教育活動の創造や、児童の学力向上、生活指導上の問題解決といった「学校教育の改善」に影響を与えていると考えられる。この第1の仮説は、学校経営参加機関が学校教育の改善に影響を与える過程に関する3つの理論の第1と、第2の理論に関わっている。

　第2の仮説は、「地域運営学校において、学校と家庭、地域を結びつけるような教育活動の支援が行われることは、教員と地域住民、保護者間のネットワークや信頼、互酬的関係の形成に影響を与える」である。第3章での検討によって、学校運営協議会においては、学校と家庭、地域を結びつけるような教育活動の支援が多く行われていることが明らかになった。このような学校と家庭、地域を結びつけるような教育活動の支援が、教員と地域住民、保護者間のネットワークや信頼、互酬的関係の形成に影響を与えていると考えられる。この第2の仮説は、学校経営参加機関が学校教育の改善に影響を与える過程に関する3つの理論の第3の理論に関わっている。

　第3の仮説は、「地域運営学校において、学校と家庭、地域を結びつけるような教育活動の支援が行われることは、新たな教育活動の創造や、児童の学力向上、生活指導上の問題解決に影響を与える」である。上記のように、学校と家庭、地域を結びつけるような教育活動の支援が、教員と地域住民・保護者間のネットワークや信頼、互酬的関係を形成すると思われる。また、教員と地域住民・保護者間のネットワークや信頼、互酬的関係の形成、すなわち、ソーシャルキャピタルの蓄積が、新たな教育活動の創造や、児童の学力向上、生活指導上の問題解決といった「学校教育の改善」に影響を与えていると考えられる。したがって、学校と家庭、地域を結びつけるような教育活動の支援が行われることは、新たな教育活動の創造や、児童の学力向上、生活指導上の問題解決といった、「学校教育の改善」にも影響を与えていると考えられる。この第

3 の仮説は、学校経営参加機関が学校教育の改善に影響を与える過程に関する 3 つの理論の第 3 の理論に関わっている。

　本章では、この仮説の検証を行っていく。

　第 2 節　方　　法

（1）調査の概要

　本章では、第 3 章と同様の 2 つの質問紙調査から得られたデータを分析する。一つは、地域運営学校に所属する教員に対する質問紙調査である。もう一つは、学校運営協議会委員に対する質問紙調査である。

　地域運営学校に所属する教員に対する質問紙調査の概要は以下の通りである。全国の地域運営学校に指定された小学校の教員を対象に郵送法による質問紙調査を実施した。調査は 2009 年 1 月から 3 月にかけて実施された。調査時点で地域運営学校に指定された小学校全 243 校に対して調査協力の依頼を行った上で、了承を得られた 27 校に対して当該校の教員の人数分の質問紙を配布した。調査票の送付と回収は学校単位で行った。配布された調査票 458 通のうち、返信のあった教員用調査票は 27 校分 267 通であった。本章では、このうち、3 通以上返信のあった 24 校分、260 名のデータを分析する。回収率については、地域運営学校に所属する教員の総数を把握することができなかったため、正確にはわからない。質問紙を回収できた学校が全体の 1 割ほどであるため、本調査のデータは、母集団を代表しているとは言い難い。ただし、学校運営協議会の活動や、地域運営学校の成果認識の傾向を把握することは可能だと考える。回答については、「あてはまる」「ややあてはまる」「あまりあてはまらない」「あてはまらない」の 4 件法で回答を得た。調査項目は、佐藤晴雄（2010）の質問紙調査を参考にしつつ、後述する B 校におけるフィールドワークやインタビュー調査の経験をもとに作成した。分析は SPSS（17.0）を用いて行った。

　学校運営協議会委員に対する質問紙調査の概要は以下の通りである。この質問紙調査は、2010 年 2 月に、大林正史、仲田康一、武井哲郎によって企画、

実施された。本調査では、2010 年 1 月時点におけるすべての学校運営協議会設置校（468 校）に対して調査票が配布された。校長に対して調査を依頼し、委員から個別に調査票を回収した。その結果、631 通の委員票を回収した。委員票のみ返送されてきた学校も存在したため、厳密には回収率を把握することができなかった。回収率についての補足情報を述べると、校長票が回収された 116 校分の全委員数は 1,620 人であり、そのうち 333 人（26.4%）の調査票が回収されている。本研究で分析されるのは、631 通の委員票のうち、小学校における学識経験者と地域住民、保護者の計 320 名分の委員データである。なお、質問紙においては各質問に対して 4 件法（当てはまる、少し当てはまる、あまり当てはまらない、当てはまらない）で回答を得た。調査項目は、佐藤晴雄（2010）や、上記の教員を対象とした質問紙調査を参考にしつつ、調査実施者の合議を経て作成された。

（2）分析方法

　本章では、第 3 節において、地域運営学校に所属する教員に対する質問紙調査のデータを分析する。第 4 節では、学校運営協議会委員に対する質問紙調査のデータを分析する。

　第 3 節の（1）では、まず、教員の認識における、学校運営協議会で重視されている活動と、地域運営学校の成果認識の各質問項目について、それぞれ、因子分析を行う。（2）では、因子分析によって得られた下位尺度の記述統計と下位尺度間の相関係数を示す。（3）では、学校運営協議会で重視されている活動を説明変数、地域運営学校の成果認識を被説明変数とする重回帰分析を行う。（4）では、第 3 節で得られた結果に考察を加える。

　第 4 節の（1）では、学校運営協議会における委員の行動、すなわち委員が意見を反映させている活動、および委員が実施している活動について、因子分析を行う。また、地域運営学校の成果認識について因子分析を行う。（2）では、因子分析によって得られた下位尺度の記述統計と下位尺度間の相関係数を示す。（3）では、学校運営協議会における委員の行動を説明変数、地域運営学校の成果認識を被説明変数とする重回帰分析を行う。第 4 項では、（4）で

得られた結果に考察を加える。第5節では、本章で得られた知見のまとめを行い、考察を加える。

第3節　教員の認識における学校運営協議会で重視されている活動が地域運営学校の成果認識に及ぼす影響

（1）因子分析
1）教員の認識における学校運営協議会で重視されている活動についての因子分析

まず、学校運営協議会で重視されている活動20項目の平均値、標準偏差を算出した。その結果、2項目にフロア効果が見られた。その2項目の平均値から標準偏差を引いた差は「学校運営講義会は、学校への寄附について協議することを重視している」が0.94、「学校運営協議会は、教員人事について協議することを重視している」が、0.99であった。この2項目について、平均値から標準偏差を引いた差は、わずかに質問項目の回答の下限である1を下回るほどであり、かつ質問項目の内容から、これらを分析から除外しない方がよいと考えた。そのため、この2項目を除外せず、因子分析を行うこととした。

次に、学校運営協議会で重視されている活動項目に対して、主因子法による因子分析を行った。固有値の変化は、6.18、3.21、1.64、1.32、1.00、0.85、…というものであり、4因子構造が妥当であると考えられた。そこで再度4因子を仮定して主因子法・promax回転による因子分析を行った。その結果、因子負荷量が.40に満たない3項目（「学校運営協議会は、学校への注文・苦情への対応について協議することを、重視している」「学校運営協議会は、学校行事の計画について協議することを、重視している」「学校運営協議会は、授業改善について協議することを重視している」）を分析から除外し、再度、主因子法・promax回転による因子分析を行った。promax回転後の最終的な因子パターンと因子間相関、各因子の信頼性係数を表4-1に示す。なお、回転前の4因子で17項目の全分散を説明する割合は65.2%であった。

表 4-1　小学校教員の認識における学校運営協議会で重視されている活動の因子分析結果

質問項目	I	II	III	IV
教育活動の支援（a = .85）				
学校運営協議会は、児童の学習を支援する取り組みを行うことを、重視している	.79	−.03	−.10	−.05
学校運営協議会は、学校環境の整備を行うことを、重視している	.68	.07	.02	.01
学校運営協議会は、児童の安全を確保する取り組みを行うことを、重視している	.66	−.24	.17	−.06
学校運営協議会は、授業における地域人材の活用を支援することを、重視している	.66	.02	−.27	.26
学校運営協議会は、教員を支援することを、重視している	.64	−.05	.19	.03
学校運営協議会は、学校行事を支援することを、重視している	.61	.07	.20	−.08
学校運営協議会は、児童達への教育課程外の活動を実施することを、重視している	.50	.21	−.14	−.02
人事・財務の協議（a = .85）				
学校運営講義会は、学校への寄附について協議することを、重視している	−.04	.85	−.17	.04
学校運営協議会は、教員評価について協議することを、重視している	−.15	.70	.09	.05
学校運営協議会は、教員人事について協議することを、重視している	.14	.69	−.03	−.04
学校運営協議会は、学校予算について協議することを、重視している	.08	.65	.12	.07
学校運営協議会は、教職員の資質向上について協議することを、重視している	.01	.51	.33	−.19
学校評価・経営方針の協議（a = .72）				
学校運営協議会は、学校経営方針について協議することを、重視している	−.05	−.08	.79	.14
学校運営協議会は、学校評価について協議することを、重視している	.10	.04	.69	−.03
学校運営協議会は、教育課程編成について協議することを、重視している	−.06	.22	.58	.10
地域住民・保護者の参加促進（a = .89）				
学校運営協議会は、地域の巻き込み方を協議することを、重視している	−.04	−.08	.15	.91
学校運営協議会は、保護者の巻き込み方を協議することを、重視している	.06	.11	.01	.81

因子間相関	I	II	III	IV
I	−	.22	.36	.46
II		−	.51	.23
III			−	.27
IV				−

第4章　学校運営協議会における活動と地域運営学校の成果認識の関連　*69*

　第1因子は、7項目で構成されており、「児童の学習を支援する取り組みを行うこと」「学校環境の整備を行うこと」「児童の安全を確保する取り組みを行うこと」「授業における地域人材の活用を支援すること」など、学校で行われる教育活動の支援に関わる活動の重視を内容とする項目が、高い負荷量を示していた。そこで、「教育活動の支援」因子と命名した。

　第2因子は、5項目で構成されており、「学校への寄附」「教員評価」「教員人事」「学校予算」など、学校の人事や財務についての協議を内容とする項目が、高い負荷量を示していた。そこで、「人事・財務の協議」因子と命名した。

　第3因子は、3項目で構成されており、「学校経営方針」「学校評価」「教育課程編成」など、学校経営の方向性についての協議を内容とする項目が、高い負荷量を示していた。そこで、「学校経営の方向性の協議」因子と命名した。

　第4因子は、2項目で構成されており、「地域の巻き込み方」「保護者の巻き込み方」についての協議を内容とする項目が、高い負荷量を示していた。そこで、「地域住民・保護者の巻き込み方の協議」因子と命名した。

　内的整合性を検討するために α 係数を算出したところ、「教育活動の支援」で $α = .85$、「人事・財務の協議」で $α = .85$、「学校経営の方向性の協議」で $α = .72$、「地域住民・保護者の巻き込み方の協議」で $α = .89$ と十分な値が得られた。

2）　教員の認識における地域運営学校の成果認識についての因子分析

　まず、地域運営学校の成果に関する27項目の平均値、標準偏差を算出した。そしてフロア効果が見られた3項目（「先生ご自身の仕事の負担が軽減した」「先生ご自身の仕事にゆとりができた」「先生ご自身の残業時間が短くなった」）を以降の分析から除外した。次に、残りの24項目に対して主因子法による因子分析を行った。固有値の変化（14.23、1.81、1.22、0.92、0.68、0.54……）と因子の解釈可能性を考慮すると、5因子構造が妥当であると考えられた。そこで再度5因子を仮定して主因子法・promax 回転による因子分析を行った。その結果、第1因子に0.30、第3因子に0.55の因子負荷をかけた項目（「教育課程の改善・充実が図られた」）を除外し、残りの23項目に対して再度、主因子法・promax 回転による因子分析を行った。promax 回転後の最終的な因子パ

表 4-2　小学校教員における地域運営学校の成果認識の因子分析の結果

質問項目	I	II	III	IV	V
生活指導上の問題解決（α=.95）					
いじめ問題が改善した	.97	−.03	−.07	.08	−.05
児童がやって良いことと悪いことを区別できるようになった	.86	.04	.01	−.09	.07
児童同士のトラブルが減った	.83	.01	.01	.08	−.07
不登校問題が改善した	.76	.05	.00	.11	−.06
児童が他の児童を大切にするようになった	.73	.00	.08	−.14	.26
児童が児童自身を大切にするようになった	.70	−.02	.15	−.03	.15
学校と家庭・地域間の連携促進（α=.94）					
地域住民が学校の実態をよく理解するようになった	−.09	.85	.26	−.07	−.10
21 地域住民が教職員を信頼するようになった	.17	.85	.04	−.05	−.16
保護者が学校の実態をよく理解するようになった	.05	.78	−.12	.01	.22
保護者が教職員を信頼するようになった	.26	.74	−.11	.12	−.08
保護者が学校に協力的になった	−.09	.72	.00	.03	.21
地域住民が学校に協力的になった	−.11	.69	.10	.05	.08
学校の活性化と多様化（α=.90）					
学校が活性化した	−.02	.13	.84	.02	.00
学校行事が充実した	.12	.00	.84	−.03	−.09
校内研修が活発化した	.16	−.09	.70	.09	−.05
特色ある学校づくりが進んだ	−.04	.12	.67	−.01	.09
体験的な教育活動が充実した	−.13	.11	.60	.02	.20
教員による教育活動の創造（α=.90）					
自分自身が教材研究を多くするようになった	.03	.01	−.06	.90	.06
自分自身が新しい授業実践を多くするようになった	.03	−.02	.10	.72	.07
自分自身が教育実践をよく反省するようになった	.06	.08	.11	.71	−.09
児童の学力向上（α=.90）					
児童の「活用」分野の学力が向上した	.08	.14	.01	.03	.69
児童の「知識」分野の学力が向上した	.21	.03	.09	−.05	.65
児童の学習意欲が高まった	.10	−.04	.17	.19	.54

因子間相関	I	II	III	IV	V
I	−	.62	.60	.68	.68
II		−	.70	.66	.70
III			−	.65	.72
IV				−	.67
V					−

ターンと因子間相関、信頼性係数を表4-2に示す。なお、回転前の5因子で23項目の全分散を説明する割合は79.22%であった。

　第1因子は、6項目で構成されており、「いじめ問題が解決した」「児童がやって良いことと悪いことを区別できるようになった」「児童同士のトラブルが減った」など、いじめや不登校、徳育の面での成果を示す項目が高い負荷量を示していた。そこで、「生活指導上の問題解決」と命名した。

　第2因子は、6項目で構成されており、「地域住民が学校の実態をよく理解するようになった」「地域住民が教職員を信頼するようになった」「保護者が学校の実態をよく理解するようになった」「保護者が学校に協力的になった」など、地域住民や保護者による教員への信頼や理解、協力といった面での成果を示す項目が高い負荷量を示していた。そこで、「学校と家庭・地域間の連携促進」と命名した。

　第3因子は、5項目で構成されており、「学校が活性化した」「学校行事が充実した」「校内研修が活発化した」「特色ある学校づくりが進んだ」「体験的な教育活動が充実した」といった、学校行事や校内研修の活性化や、地域に応じた学校の多様化の面での成果を示す項目が高い負荷量を示していた。そこで、「学校の活性化と多様化」と命名した。

　第4因子は、3項目で構成されており、「自分自身が教材研究を多くするようになった」「自分自身が新しい授業実践を多くするようになった」「自分自身が教育実践をよく反省するようになった」といった、教員によって新たな教育活動が生み出されることに関わる項目が高い負荷量を示していた。そこで、「教員による教育活動の創造」と命名した。

　第5因子は、3項目で構成されており、「児童の『活用』分野の学力が向上した」「児童の『知識』分野の学力が向上した」「児童の学習意欲が高まった」といった、児童の学力向上に関わる項目が高い負荷量を示していた。そこで、「児童の学力向上」と命名した。

　内的整合性を検討するために α 係数を算出したところ、「生活指導上の問題解決」で $\alpha = .95$、「学校と家庭・地域間の連携促進」で $\alpha = .94$、「学校の活性化と多様化」で $\alpha = .90$、「教員による教育活動の創造」で $\alpha = .90$、「児童の学

力向上」で α = .90 と十分な値が得られた。

　ただし、「生活指導上の問題解決」の項目間の相関係数を算出したところ、それぞれ .65 ～ .89 の値を得た。同様に、「学校と家庭・地域間の連携促進」でそれぞれ .61 ～ .83、「学校の活性化と多様化」でそれぞれ .54 ～ .77、「教員による教育活動の創造」でそれぞれ .69 ～ .78、「児童の学力向上」でそれぞれ .74 ～ .78 の項目間の相関係数を得た。これらのことから、地域運営学校の成果認識の下位尺度を構成する質問項目間の相関は、強すぎると考えられ、教員を対象とした地域運営学校の成果認識を構成する下位尺度としては、妥当であるとは言い難い。この点に本研究の限界がある。しかし、本研究において、本章以降、これらの下位尺度を用いて議論していくことに特に問題はないと思われる。なぜなら、下位尺度を構成する項目間の相関が高すぎるとしても、それらの質問項目が下位尺度の概念を構成していることには変わりはないと考えられるからである。ただし、今後、地域運営学校の成果認識を測定する際には、本研究で用いた尺度を再検討しなければならないと考えられる。この再検討は今後の課題としたい。

（2）　下位尺度の記述統計と下位尺度間の相関関係

　ここでは、因子分析の結果を踏まえて、下位尺度得点の平均値や標準偏差を算出し、各下位尺度得点間の相関係数を算出する。なお、本項では、欠損値をのぞいた 115 名のデータを分析対象とする。小学校の地域運営学校の教員における学校運営協議会で重視されている活動と、地域運営学校の成果認識に関する各下位尺度の記述統計と相互相関を、表 4-3 に示す。

　前項で行った学校運営協議会で重視されている活動の因子分析において、各因子に高い負荷量を示した項目の平均値を算出した。そのそれぞれは、「教育活動の支援」得点（平均 3.01、SD.53）、「人事・財務の協議」得点（平均 1.99、SD.60）、「学校経営の方向性の協議」得点（平均 2.62、SD.61）、「地域住民・保護者の巻き込み方の協議」得点（平均 2.89、SD.70）であった。

　次に、地域運営学校の成果認識の因子分析において、各因子に高い負荷量を示した項目の平均値を算出した。そのそれぞれは、「生活指導上の問題解決」

得点（平均 2.27、SD.56）、「学校と家庭・地域間の連携促進」得点（平均 2.78、SD.62）、「学校の活性化と多様化」得点（平均 2.79、SD.62）、「教員による教育活動の創造」得点（平均 2.61、SD.68）、「児童の学力向上」得点（平均 2.54、SD.67）であった。また、表 4-3 中の地域運営学校の成果認識平均は、地域運営学校の成果認識に関する各下位尺度の平均値を算出したものである。

　また、学校運営協議会で重視されている活動の各下位尺度と、地域運営学校の成果認識の各下位尺度の間には、有意な正の相関がみられる。

　なお、研究課題 5 に関連して言えば、「学校経営の方向性の協議」と「教育活動の支援」の相関係数は、.38 となっており、両者には弱い相関があると考えられる。このことから、学校運営協議会において、「学校経営の方向性の協議」が重視されることと「教育活動の支援」が重視されることは、完全に独立

表 4-3　小学校の地域運営学校の教員における学校運営協議会で重視されている活動と地域運営学校の成果認識に関する下位尺度の記述統計と相互相関

	M	SD	N	1	2	3	4	5	6	7	8	9	10
1. 教育活動の支援	3.01	.53	115	－	.26**	.38**	.45**	.44**	.55**	.58**	.41**	.48**	.57**
2. 人事財務の協議	1.99	.60	115		－	.52**	.26**	.40**	.21*	.38**	.31**	.35**	.38**
3. 学校経営の方向性の協議	2.62	.61	115			－	.36**	.34**	.37**	.45**	.35**	.37**	.43**
4. 地域住民・保護者の巻き込み方の協議	2.89	.70	115				－	.32**	.37**	.42**	.21*	.40**	.40**
5. 生活指導上の問題解決	2.27	.56	115					－	.65**	.65**	.61**	.74**	.83**
6. 学校と家庭・地域間の連携促進	2.78	.62	115						－	.74**	.68**	.71**	.87**
7. 学校の活性化と多様化	2.79	.62	115							－	.68**	.78**	.89**
8. 教員による教育活動の創造	2.61	.68	115								－	.72**	.85**
9. 児童の学力向上	2.54	.67	115									－	.91**
10. 地域運営学校の成果平均	2.60	.55	115										－

note：M、SD、N 以外の数値は *pearson* の相関係数（両側検定）　　　　*p< .05　　**p< .01

した事象ではなく、同時に起こりうる事象であることが推察される。

（3） 重回帰分析

本項では、学校運営協議会で重視されている活動が、地域運営学校の成果認識に及ぼす影響を検討する。ここでは、「学校運営協議会で重視されている活動」の各下位尺度が、「地域運営学校の成果認識」の各下位尺度をどの程度予測しうるかを調べるため、「学校運営協議会で重視されている活動」の各下位尺度を説明変数、「地域運営学校の成果認識」の各下位尺度を被説明変数とする重回帰分析を行った（強制投入法）。得られた標準偏回帰係数の値を表4-4に示す。

その結果、「生活指導上の問題解決」においては、「教育活動の支援」「人事や財務の協議」の標準偏回帰係数が有意であった。「学校と家庭・地域間の連携促進」においては、「教育活動の支援」の標準偏回帰係数が有意であった。

表4-4　小学校教員の認識における学校運営協議会で重視されている活動を説明変数、地域運営学校の成果を被説明変数とする重回帰分析の結果（標準偏回帰係数）

説明変数／被説明変数		地域運営学校の成果認識					
		生活指導上の問題解決	学校と家庭地域間の連携促進	学校の活性化と多様化	教員による教育活動の創造	児童の学力向上	地域運営学校の成果認識平均
		$N=118$	$N=119$	$N=122$	$N=119$	$N=122$	$N=115$
学校運営協議会で重視されている活動認識	教育活動の支援	.32**	.45***	.43***	.29**	.33***	.42***
	人事や財務の協議	.25**	−.04	.15	.13	.15	.17
	学校経営の方向性の協議	.07	.19	.17	.20*	.12	.15
	地域住民・保護者の巻き込み方の協議	.09	.09	.11	−.04	.13	.11
	説明率（R^2）	.29***	.34***	.42***	.21***	.29***	.41***

*p< .05　**p< .01　***p< .001

「学校の活性化と多様化」においては、「教育活動の支援」の標準偏回帰係数が有意であった。「教員による教育活動の創造」においては、「教育活動の支援」「学校経営の方向性の協議」の標準偏回帰係数が有意であった。「児童の学力向上」においては、「教育活動の支援」の標準偏回帰係数が有意であった。分析の結果、すべての説明率が有意であった。

（4）考　察

　本項では、第1節において提示した仮説について、本節で示してきたデータから考察する。

　第1の仮説は、「学校運営協議会において、学校経営の方向性に関わる事項が協議されることは、新たな教育活動の創造や、児童の学力向上、生活指導上の問題解決に影響を与える」であった。この点に関して、表4-4では、「学校経営の方向性の協議」は、「教員による教育活動の創造」に5％水準で有意な影響を及ぼしている。したがって、「教員による教育活動の創造」に関しては、仮説は支持されたと言える。しかし、表4-4では、「学校経営の方向性の協議」は、「児童の学力向上」に有意な影響を及ぼしていない。したがって、「児童の学力向上」に関しては、仮説は支持されなかったと言える。また、表4-4では、「学校経営の方向性の協議」は、「生活指導上の問題解決」に有意な影響を及ぼしていない。したがって、「生活指導上の問題解決」に関しては、仮説は支持されなかったと言える。上記のことから、表4-4の結果は、「学校運営協議会において、学校経営の方向性に関わる事項が協議されることは、新たな教育活動の創造や、児童の学力向上、生活指導上の問題解決に影響を与える」という仮説を、「教員による教育活動の創造」については支持したものの、「児童の学力向上」および「生活指導上の問題解決」については支持しなかったと言える。

　第2の仮説は、「地域運営学校において、学校と家庭、地域を結びつけるような教育活動の支援が行われることは、教員と地域住民、保護者間のネットワークや信頼、互酬的関係の形成に影響を与える」であった。この点に関して、表4-4では、「教育活動の支援」は、「学校と家庭・地域間の連携促進」

に有意な影響を及ぼしていた。「教育活動の支援」の下位尺度を構成する質問項目には、「授業における地域人材の活用を支援すること」が含まれている。よって、「教育活動の支援」は、学校と家庭、地域を結びつけるような教育活動の支援を含むと考えられる。また、「学校と家庭・地域間の連携促進」の下位尺度を構成する質問項目には、「地域住民が教職員を信頼するようになった」や、「保護者が教職員を信頼するようになった」「地域住民が学校に協力的になった」「保護者が学校に協力的になった」が含まれている。したがって、「学校と家庭・地域間の連携促進」は、教員と地域住民、保護者間のネットワークや信頼、互酬的関係の形成を含むと考えられる。

　したがって、表4-4の「教育活動の支援」は、「学校と家庭・地域間の連携促進」に有意な影響を与えるという結果は、「地域運営学校において、学校と家庭、地域を結びつけるような教育活動の支援が行われることは、教員と地域住民、保護者間のネットワークや信頼、互酬的関係の形成に影響を与える」という仮説を支持していると考えられる。

　第3の仮説は、「地域運営学校において、学校と家庭、地域を結びつけるような教育活動の支援が行われることは、新たな教育活動の創造や、児童の学力向上、生活指導上の問題解決に影響を与える」であった。この点に関して、表4-4では、「教育活動の支援」が、「教員による教育活動の創造」や、「児童の学力向上」「生活指導上の問題解決」に有意な影響を及ぼしていた。したがって、この結果は、「地域運営学校において、学校と家庭、地域を結びつけるような教育活動の支援が行われることは、新たな教育活動の創造や、児童の学力向上、生活指導上の問題解決に影響を与える」という仮説を支持していると考えられる。また、表4-3から、教員による地域運営学校の成果認識の各下位尺度得点は、相互に高い相関関係にあることがわかる。このことから、「教員と地域住民、保護者間のネットワークや信頼、互酬的関係の形成」と、「新たな教育活動の創造」「児童の学力向上」「生活指導上の問題解決」は、相互に影響を与え合っている可能性があると考えられる。

　以上のことから、教員の認識に関する質問紙調査結果から言えば、学校運営協議会において、教員に対するアカウンタビリティの追求や、学校の定義を

問い直すような活動が行われることは、「教員による教育活動の創造」に影響を与えるものの、「児童の学習活動の質的改善」には影響を与えにくいことが推察される。一方、地域運営学校において、教員と地域住民、保護者間のネットワークや信頼、互酬的関係を形成するような教育活動の支援が行われることは、「教員による教育活動の創造」のみならず、「児童の学習活動の質的改善」にも影響を与えていることが推察される。

　ただし、表4-4の結果は、教員が、学校運営協議会において教育活動の支援が重視されていることを認識すると、地域運営学校の成果を認識しやすい、ということを示していると解釈することもできると思われる。つまり、本調査は、あくまで教員の認識を捉えているのであり、学校運営協議会の活動や、地域運営学校の成果を正確に捉えていないかもしれない点に限界がある。

第4節　学校運営協議会委員の認識における委員の行動が地域運営学校の成果認識に及ぼす影響

（1）因子分析
1）委員の認識における学校運営協議会委員の行動についての因子分析

　まず、学校運営協議会委員が意見を反映させている活動18項目と、学校運営協議会委員が携わっている活動のうち、ボランティア活動に関する7項目の平均値、標準偏差を算出した。その結果、フロア効果が見られた6項目（「学校予算について意見を反映させている」「教育課程編成について意見を反映させている」「教員の校内人事、校務分掌等について意見を反映させている」「教員評価について意見を反映させている」「教員の任用について意見を反映させている」「協議会が行う活動について［ボランティア活動に関わっている］教職員の事務補助」）を以降の分析から除外した。次に残りの19項目に対して、主因子法による因子分析を行った。固有値の変化（6.86、1.95、1.31、1.05、0.93、0.86……）と因子の解釈可能性を考慮すると4因子構造が妥当であると考えられた。そこで再度4因子を仮定して、主因子法・promax回転による因

子分析を行った。その結果、「教員の資質向上について意見を反映させている」の項目が、第2因子に0.43、第3因子に0.40の2つの因子に負荷を示していたため、分析から除外した。また、「授業改善のあり方について意見を反映させている」の項目が、第2因子に0.44、第3因子に0.40の2つの因子に負荷を示したため、分析から除外した。さらに、因子負荷量が.40に満たない2項目（「家庭教育に関する保護者への意識啓発について意見を反映させている」「学校行事について意見を反映させている」）を分析から除外し、再度、主因子法・promax回転による因子分析を行った。promax回転後の最終的な因子パターンと因子間相関、各因子の信頼性係数を表4-5に示す。なお、回転前の4因子で、残った15項目の全分散を説明する割合は63.09%であった。

　第1因子は、ボランティア活動の実施に関する6項目で構成されていた。そこで、「ボランティア活動の実施」因子と命名した。

　第2因子は、4項目で構成されており、「登校を渋りがちな子どもへのサポートのあり方」「障がいを持つ子どもへのサポートのあり方」「いじめや暴力行為への対応のあり方」「学校への注文・苦情への対応」など、学校における生活指導や苦情処理についての意見反映を内容とする項目が、高い負荷量を示していた。そこで、「生活指導や苦情処理についての意見反映」因子と命名した。

　第3因子は、3項目で構成されており、「学校経営方針」「学校教育目標」「学校評価」など、学校経営の方向性についての意見反映を内容とする項目が、高い負荷量を示していた。そこで、「学校経営の方向性についての意見反映」因子と命名した。

　第4因子は、2項目で構成されており、「地域・保護者の巻き込み方」「地域人材の活用」など、地域住民や保護者を人材として活用することについての意見反映を内容とする項目が、高い負荷量を示していた。そこで、「地域住民・保護者の活用についての意見反映」因子と命名した。

　内的整合性を検討するために α 係数を算出したところ、「ボランティア活動の実施」で $\alpha = .80$、「生活指導や苦情処理についての意見反映」で $\alpha = .83$、「学校経営の方向性についての意見反映」で $\alpha = .79$、「地域住民・保護者の活用についての意見反映」で $\alpha = .70$ と十分な値が得られた。

第4章　学校運営協議会における活動と地域運営学校の成果認識の関連　*79*

表 4-5　小学校における学校運営協議会委員の行動の因子分析の結果（教員の委員を除く）

質問項目	I	II	III	IV
学校支援ボランティアの実施（α＝.80）				
協議会が行う活動について［ボランティア活動に関わっている］環境整備	.79	.02	.01	.02
協議会が行う活動について［ボランティア活動に関わっている］安全確保	.77	.02	.05	－ .10
協議会が行う活動について［ボランティア活動に関わっている］行事運営支援	.62	－ .02	－ .01	.02
協議会が行う活動について［ボランティアの統括に関わっている］	.60	－ .11	－ .05	.16
協議会が行う活動について［ボランティア活動に関わっている］放課後の居場所作り	.51	.16	－ .05	－ .11
協議会が行う活動について［ボランティア活動に関わっている］授業支援	.48	－ .04	.03	.05
生活指導や苦情処理についての意見反映（α＝.83）				
登校を渋りがちな子どもへのサポートのあり方について意見を反映させている	.02	.95	－ .04	－ .10
障がいを持つ子どもへのサポートのあり方について、意見を反映させている	－ .04	.74	－ .05	.06
いじめや暴力行為への対応のあり方について、意見を反映させている	－ .01	.62	.07	.14
学校への注文・苦情への対応について意見を反映させている	.08	.45	.13	.11
学校経営の方向性についての意見反映（α＝.79）				
学校経営方針について意見を反映させている	.00	.02	.96	－ .15
学校教育目標について意見を反映させている	.03	－ .03	.76	.11
学校評価について意見を反映させている	－ .07	－ .02	.42	.29
地域住民・保護者の活用についての意見反映（α＝.70）				
地域・保護者の巻き込み方について意見を反映させている	.02	.05	－ .01	.71
地域人材の活用について意見を反映させている	.02	.04	.00	.70

因子間相関	I	II	III	IV
I	－	.55	.46	.45
II		－	.52	.57
III			－	.58
IV				－
V				

２）　委員の認識における地域運営学校の成果認識についての因子分析

　まず、地域運営学校の成果に関する 20 項目の平均値、標準偏差を算出した。天井効果やフロア効果は見られなかったため、この 20 項目に対して、主因子法による因子分析を行った。固有値の変化（11.54、1.63、1.19、0.88、0.64……）と因子の解釈可能性を考慮すると、4 因子構造が妥当であると考えられた。その結果、因子負荷量が.40 に満たない項目（「家庭の教育力が上がった」）が見られたため、これを分析から除外し、再度、主因子法・promax 回転による因子分析を行った。その結果、因子負荷量が.40 に満たない項目（「適切な教員人事がなされた」）が見られたため、これを分析から除外し、再度、主因子法・promax 回転による因子分析を行った。promax 回転後の最終的な因子パターンと因子間相関、各因子の信頼性係数を表 4-6 に示す。なお、回転前の 4 因子で 18 項目の全分散を説明する割合は 78.85％であった。

　第 1 因子は、6 項目で構成されており、「園児・児童・生徒の学習意欲が高まった」「園児・児童・生徒の学力が向上した」「学校が活性化した」「教育課程の改善・充実が図られた」「特色ある学校づくりが進んだ」など、児童の学力向上や、学校の活性化、多様化に関わる成果を内容とする項目が、高い負荷量を示していた。そこで、「児童の学力向上と学校の活性化や多様化」因子と命名した。

　第 2 因子は、6 項目で構成されており、「地域が学校に協力的になった」「地域が学校の実態をよく理解するようになった」「地域が教職員を信頼するようになった」「学校は地域に情報提供を積極的に行うようになった」など、学校と地域間の連携の促進に関わる成果を内容とする項目が、高い負荷量を示していた。そこで、「学校地域間の連携促進」因子と命名した。

　第 3 因子は、3 項目で構成されており、「不登校問題が改善した」「いじめ問題が改善した」「園児・児童・生徒同士のトラブルが減った」など、学校における生活指導上の問題解決に関わる成果を内容とする項目が、高い負荷量を示していた。そこで、「生活指導上の問題解決」因子と命名した。

　第 4 因子は、3 項目で構成されており、「保護者が学校の実態をよく理解するようになった」「保護者が学校に協力的になった」「保護者が教職員を信頼す

第4章　学校運営協議会における活動と地域運営学校の成果認識の関連　*81*

るようになった」など、学校と家庭間の連携の促進に関わる成果を内容とする項目が、高い負荷量を示していた。そこで、「学校家庭間の連携促進」因子と命名した。

　内的整合性を検討するために α 係数を算出したところ、「児童の学力向上と

表4-6　小学校の学校運営協議会委員による地域運営学校の成果認識の因子分析結果

質問項目	I	II	III	IV
児童の学力向上と学校の活性化や多様化（α＝.92）				
園児・児童・生徒の学習意欲が高まった	.88	−.14	.13	−.01
園児・児童・生徒の学力が向上した	.85	−.02	.14	−.11
学校が活性化した	.84	.14	−.16	−.03
教育課程の改善・充実が図られた	.76	−.01	.07	.04
特色ある学校づくりが進んだ	.70	.21	−.18	.06
教職員の意識改革が進んだ	.61	.06	.05	.14
学校地域間の連携促進（α＝.92）				
地域が学校に協力的になった	.08	.96	−.02	−.14
地域が学校の実態をよく理解するようになった	−.10	.95	.02	−.01
地域が教職員を信頼するようになった	.08	.75	.04	.03
学校は地域に情報提供を積極的に行うようになった	−.05	.60	−.04	.26
地域の教育力が上がった	.21	.51	.15	.01
地域が活性化した	.23	.45	.06	.14
生活指導上の問題解決（α＝.94）				
不登校問題が改善した	−.02	.05	.96	−.06
いじめ問題が改善した	−.03	.00	.90	.03
園児・児童・生徒同士のトラブルが減った	.06	−.02	.84	.06
学校家庭間の連携促進（α＝.92）				
保護者が学校の実態をよく理解するようになった	−.05	−.05	.00	.98
保護者が学校に協力的になった	.00	.05	.01	.87
保護者が教職員を信頼するようになった	.14	.09	.05	.67

因子間相関	I	II	III	IV
I	−	.75	.63	.67
II		−	.52	.70
III			−	.59
IV				−
V				

学校の活性化や多様化」で $\alpha = .92$、「学校地域間の連携促進」で $\alpha = .92$、「生活指導上の問題解決」で $\alpha = .94$、「学校家庭間の連携促進」で $\alpha = .92$ と十分な値が得られた。

　ただし、「児童の学力向上と学校の活性化や多様化」の項目間の相関係数を算出したところ、それぞれ .59 〜 .79 の値を得た。同様に、「学校地域間の連携促進」でそれぞれ .50 〜 .80、「生活指導上の問題解決」でそれぞれ .81 〜 .86、「学校家庭間の連携促進」でそれぞれ .77 〜 .82 の項目間の相関係数を得た。これらのことから、地域運営学校の成果認識の下位尺度を構成する質問項目間の相関は強すぎると考えられ、学校運営協議会の委員に対する地域運営学校の成果認識を構成する下位尺度としては、妥当であるとは言い難い。この点に本研究の限界がある。しかし、本研究において、本章以降、これらの下位尺度を用いて議論していくことに特に問題はないと思われる。なぜなら、下位尺度を構成する項目間の相関が高すぎるとしても、それらの質問項目が下位尺度の概念を構成していることには変わりはないと考えられるからである。ただし、今後、地域運営学校の成果認識を測定する際には、本研究で用いた尺度を再検討しなければならないと考えられる。この再検討は今後の課題としたい。

（2）　下位尺度の記述統計と下位尺度間の相関関係

　ここでは、因子分析の結果を踏まえて、下位尺度得点の平均値や標準偏差を算出し、各下位尺度得点間の相関係数を算出する。なお、本項では、欠損値をのぞいた 201 名のデータを分析対象とする。小学校の学校運営協議会委員による行動と、地域運営学校の成果認識に関する各下位尺度の記述統計と相互相関を、表 4-7 に示す。

　前項で行った学校運営協議会委員の行動の因子分析において、各因子に高い負荷量を示した項目の平均値を算出した。そのそれぞれは、「学校支援ボランティアの実施」得点（平均 2.56、SD.75）、「生活指導や苦情処理についての意見反映」得点（平均 2.19、SD.68）、「学校経営の方向性についての意見反映」得点（平均 2.27、SD.66）、「地域住民・保護者の活用についての意見反映」得点（平均 2.74、SD.81）であった。

第4章　学校運営協議会における活動と地域運営学校の成果認識の関連　*83*

　次に、地域運営学校の成果認識の因子分析において、各因子に高い負荷量を示した項目の平均値を算出した。そのそれぞれは、「児童の学力向上と学校の多様化や活性化」得点（平均 2.73、SD.68）、「学校地域間の連携促進」得点（平均 2.88、SD.67）、「生活指導上の問題解決」得点（平均 2.21、SD.74）、「学校家庭間の問題解決」得点（平均 2.55、SD.65）であった。また、表 4-7 中の地域運営学校の成果認識平均は、地域運営学校の成果認識に関する各下位尺度の平均値を算出したものである。

　また、学校運営協議会委員の行動の各下位尺度と、地域運営学校の成果認識

表 4-7　小学校の学校運営協議会委員による行動と
地域運営学校の成果認識の記述統計と下位尺度間相関

	M	SD	N	1	2	3	4	5	6	7	8	9
1. 学校支援ボランティアの実施	2.56	.75	201	−	.53***	.43***	.47***	.41***	.34***	.24**	.30***	.39***
2. 生活指導や苦情処理についての意見反映	2.19	.68	201		−	.64***	.57***	.41***	.26***	.40***	.37***	.41***
3. 学校経営の方向性についての意見反映	2.27	.66	201			−	.54***	.53***	.35***	.44***	.38***	.50***
4. 地域住民・保護者の活用についての意見反映	2.74	.81	201				−	.46***	.45***	.31***	.37***	.48***
5. 児童の学力向上と学校の多様化や活性化	2.73	.68	201					−	.74***	.60***	.71***	.91***
6. 学校地域間の連携促進	2.88	.67	201						−	.53***	.72***	.90***
7. 生活指導上の問題解決	2.21	.74	201							−	.57***	.74***
8. 学校家庭間の連携促進	2.55	.65	201								−	.86***
9. 地域運営学校の成果認識平均	2.66	.59	201									−

note：M、SD、N 以外の数値は *pearson* の相関係数（両側検定）　* p< .05 ** p<.01 *** p<.001

84

の各下位尺度の間には、有意な正の相関がみられる。

　なお、研究課題5に関連して言えば、「学校経営の方向性についての意見反映」と「学校支援ボランティアの実施」の相関係数は.43となっており、両者にはやや強い相関があると考えられる。このことから、学校運営協議会において、委員が「学校経営の方向性についての意見反映」を行うことと、「学校支援ボランティアの実施」を行うことは、完全に独立した事象ではなく、同時に起こりうる事象であることが推察される。

（3）　重回帰分析

　本項では、学校運営協議会委員の行動が、委員による地域運営学校の成果認識に及ぼす影響を検討する。ここでは、「学校運営協議会委員の行動」の各下位尺度が、「地域運営学校の成果認識」の各下位尺度をどの程度予測しうるかを調べるため、「学校運営協議会委員の行動」の各下位尺度を説明変数、「地

表 4-8　小学校の学校運営協議会委員の行動を説明変数、地域運営学校の成果
　　　　認識を被説明変数とする重回帰分析の結果（標準偏回帰係数）

説明変数／被説明変数		地域運営学校の成果認識				
		児童の学力向上と学校の多様化や活性化	学校地域間の連携促進	生活指導上の問題解決	学校家庭間の連携促進	地域運営学校の成果認識平均
		N=217	N=219	N=214	N=220	N=201
学校運営協議会委員の行動	学校支援ボランティアの実施	.18 *	.18 *	.00	.09	.14 *
	生活指導や苦情処理についての意見反映	− .04	− .08	.18 *	.15	.00
	学校経営の方向性についての意見反映	.36 ***	.15	.29 **	.18*	.30 ***
	地域住民・保護者の活用についての意見反映	.20 ***	.31 ***	.03	.12	.25 **
	説明率（R^2）	.32 ***	.22 ***	.20 ***	.19 ***	.32 ***

＊ p＜.05　　＊＊ p＜.01　　＊＊＊ p＜.001

域運営学校の成果認識」の各下位尺度を被説明変数とする重回帰分析を行った（強制投入法）。得られた標準偏回帰係数の値を表4-8に示す。

その結果、「児童の学力向上と学校の多様化や活性化」においては、「学校支援ボランティアの実施」「学校経営の方向性についての意見反映」「地域住民・保護者の活用についての意見反映」の標準偏回帰係数が有意であった。「学校地域間の連携促進」においては、「学校支援ボランティアの実施」「地域住民・保護者の活用についての意見反映」の標準偏回帰係数が有意であった。「生活指導上の問題解決」においては、「生徒指導や苦情処理についての意見反映」「学校経営の方向性についての意見反映」の標準偏回帰係数が有意であった。「学校家庭間の連携促進」においては、「学校経営の方向性についての意見反映」の標準偏回帰係数が有意であった。分析の結果、すべての説明率が有意であった。

（4）考　　察

本項では、第1節において提示した仮説について、本節で示してきたデータから考察する。

第1の仮説は、「学校運営協議会において、学校経営の方向性に関わる事項が協議されることは、新たな教育活動の創造や、児童の学力向上、生活指導上の問題解決に影響を与える」であった。この点に関して、表4-8では、「学校経営の方向性についての意見反映」は、「児童の学力向上と学校の多様化や活性化」に、0.1％水準で有意な影響を与えていた。また、「学校経営の方向性についての意見反映」は、「生活指導上の問題解決」に、1％水準で有意な影響を与えていた。したがって、この結果は、「学校運営協議会において、学校経営の方向性に関わる事項が協議されることは、新たな教育活動の創造や、児童の学力向上、生活指導上の問題解決に影響を与える」という仮説を、「児童の学力向上」や「生活指導上の問題解決」について支持していると言える。

第2の仮説は、「地域運営学校において、学校と家庭、地域を結びつけるような教育活動の支援が行われることは、教員と地域住民、保護者間のネットワークや信頼、互酬的関係の形成に影響を与える」であった。この点に関し

て、表 4-8 では、「学校支援ボランティアの実施」は、「学校地域間の連携促進」に、5％水準で有意な影響を与えていた。しかし、「学校支援ボランティアの実施」は、「学校家庭間の連携促進」には、有意な影響を与えていなかった。なお、学校と家庭、地域を結びつけるような教育活動の支援の中には、「学校支援ボランティアの実施」が含まれていると考えられる。

　また、表 4-8 では、「地域住民・保護者の活用についての意見反映」は、「学校地域間の連携促進」に、0.1％水準で有意な影響を与えていた。しかし、「地域住民・保護者の活用についての意見反映」は、「学校家庭間の連携促進」には、有意な影響を与えていなかった。「地域住民・保護者の活用についての意見反映」を構成する質問項目には、「地域人材の活用について意見を反映させている」が含まれるため、学校と家庭、地域を結びつけるような教育活動の支援の中には、「地域住民・保護者の活用についての意見反映」が含まれていると考えられる。

　さらに、「学校と地域間の連携促進」の下位尺度を構成する質問項目には、「地域住民が教職員を信頼するようになった」や、「地域住民が学校に協力的になった」が含まれている。したがって、本研究における「学校と地域間の連携促進」は、教員と地域住民間のネットワークや信頼、互酬的関係の形成を含む概念であると考えられる。

　したがって、「学校支援ボランティアの実施」や「地域住民・保護者の活用についての意見反映」は、「学校地域間の連携促進」に有意な影響を与えるが、「学校家庭間の連携促進」に有意な影響を与えない、という結果は、「地域運営学校において、学校と家庭、地域を結びつけるような教育活動の支援が行われることは、教員と地域住民、保護者間のネットワークや信頼、互酬的関係の形成に影響を与える」という仮説を、教員と地域住民間の関係については支持しているが、教員と保護者間の関係については支持していないと言える。

　第 3 の仮説は、「地域運営学校において、学校と家庭、地域を結びつけるような教育活動の支援が行われることは、新たな教育活動の創造や、児童の学力向上、生活指導上の問題解決に影響を与える」であった。この点に関して、表 4-8 では、「学校支援ボランティアの実施」は、「児童の学力向上と学校の多様

化や活性化」に、5%水準で有意な影響を与えていた。しかし、「学校支援ボランティアの実施」は、「生活指導上の問題解決」に有意な影響を与えていなかった。

　また、表4-8では、「地域住民・保護者の活用についての意見反映」は、「児童の学力向上と学校の多様化や活性化」に、1%水準で有意な影響を与えている。しかし、「地域住民・保護者の活用についての意見反映」は、「生活指導上の問題解決」に有意な影響を与えていなかった。

　したがって、「学校支援ボランティアの実施」や「地域住民・保護者の活用についての意見反映」は、「児童の学力向上と学校の多様化や活性化」に影響を与えるが、「生活指導上の問題解決」には影響を与えないという結果は、「地域運営学校において、学校と家庭、地域を結びつけるような教育活動の支援が行われることは、新たな教育活動の創造や、児童の学力向上、生活指導上の問題解決に影響を与える」という仮説を、「児童の学力向上」については支持しているが、「生活指導上の問題解決」については支持していないと言える。

　以上のことから、委員の認識に関する質問紙調査結果から言えば、学校運営協議会において、校長や教員に対するアカウンタビリティの追求や、学校の定義を問い直すような活動が行われることは、児童の学力向上や生徒指導上の問題解決に関する「学校教育の改善」に影響を与えていることが推測される。一方、地域運営学校において、教員と、地域住民間のネットワークや信頼、互酬的関係を形成するような教育活動の支援が行われることは、「生徒指導上の問題解決」を除く「学校教育の改善」に影響を与えていることが推測される。

　ただし、表4-8の結果は、委員が、自らが意見を反映させたと認識している領域に関する地域運営学校の成果を認識しやすい、ということを示していると解釈することもできると思われる。つまり、本調査は、教員に対する調査と同様に、委員の認識を捉えているのであり、学校運営協議会の活動や、地域運営学校の成果を正確に捉えていないかもしれない点に限界がある。

第5節 本章のまとめと考察

　本節では、上記の検討から得られた知見をまとめ、考察を加える。

　第1の仮説は、「学校運営協議会において、学校経営の方向性に関わる事項が協議されることは、新たな教育活動の創造や、児童の学力向上、生活指導上の問題解決に影響を与える」であった。この点に関して、教員に対する質問紙調査結果から、「学校経営の方向性の協議」は、「教員による教育活動の創造」に有意な影響を及ぼしているが、「児童の学力向上」や「生活指導上の問題解決」には、有意な影響を与えていないことが明らかになった。一方、委員に対する質問紙調査結果から、「学校経営の方向性についての意見反映」は、「児童の学力向上と学校の多様化や活性化」や「生活指導上の問題解決」に有意な影響を与えていることが明らかになった。

　しかし、「学校経営の方向性の協議」が、「児童の学力向上」や「生活指導上の問題解決」に与える影響については、教員と委員の認識が矛盾している。前章での検討から、教員が認識しやすい成果と、委員が認識しやすい成果があることが明らかになったが、この教員と委員の認識の矛盾をどのように解釈するべきであろうか。

　まず、表4-2によれば、教員は、「学校の活性化と多様化」と「児童の学力向上」の成果を区別して捉えていると思われる。しかし、表4-6によれば、委員は、「学校の活性化と多様化」と「児童の学力向上」の成果を区別して捉えていないと考えられる。このことから、「児童の学力向上」「生活指導上の問題解決」といった、学校の内部に関わる成果については、委員による認識よりも、教員による認識の方が、より実態に近いことが推察される。

　一方、表4-6によれば、委員は、「学校地域間の連携促進」と「学校家庭間の連携促進」の成果を区別して捉えている。しかし、表4-2によれば、教員は、「学校地域間の連携促進」と「学校家庭間の連携促進」の成果を区別して捉えていない。このことから、「学校と地域との連携促進」や、「学校と家庭の連携促進」といった学校の外部に関わる成果については、教員による認識より

も、委員による認識の方が、より実態に近いことが推察される。

　したがって、「学校経営の方向性の協議」が、「児童の学力向上」や「生活指導上の問題解決」に与える影響に関する教員と委員間の認識の矛盾については、委員の認識よりも、教員の認識の方がより実態に近いことが推察される。よって、「学校運営協議会において、学校経営の方向性に関わる事項が協議されることは、新たな教育活動の創造や、児童の学力向上、生活指導上の問題解決に影響を与える」という仮説に関して、「教員による教育活動の創造」については、仮説が支持されるものの、「児童の学力向上」や「生活指導上の問題解決」については、仮説が支持されるとは言い難いと解釈できよう。

　第2の仮説は、「地域運営学校において、学校と家庭、地域を結びつけるような教育活動の支援が行われることは、教員と地域住民、保護者間のネットワークや信頼、互酬的関係の形成に影響を与える」であった。この点に関して、教員に対する質問紙調査結果から、学校運営協議会において「教育活動の支援」が重視されることは、「学校と家庭・地域間の連携促進」に有意な影響を与えていることが明らかになった。一方、委員に対する質問紙調査結果から、委員が「学校支援ボランティアの実施」や「地域住民・保護者の活用についての意見反映」を行うことは、「学校地域間の連携促進」に有意な影響を与えるが、「学校家庭間の連携促進」に有意な影響を与えていないことが明らかになった。ここで、上記のように、委員は、教員に比べ、「学校と地域との連携促進」や、「学校と家庭の連携促進」といった、学校の外部、すなわち家庭や地域に関わる成果を実態に近い形で認識しやすいことが推測される。

　したがって、「地域運営学校において、学校と家庭、地域を結びつけるような教育活動の支援が行われることは、教員と学校運営協議会委員、地域住民、保護者間のネットワークや信頼、互酬的関係の形成に影響を与える」という仮説に関して、教員と地域住民間については、仮説が支持されるものの、教員と保護者間については、仮説が支持されるとは言い難いと解釈できよう。

　第3の仮説は、「地域運営学校において、学校と家庭、地域を結びつけるような教育活動の支援が行われることは、新たな教育活動の創造や、児童の学力向上、生活指導上の問題解決に影響を与える」であった。この点に関して、

教員に対する質問紙調査結果から、学校運営協議会において「教育活動の支援」が重視されることは、「教員による教育活動の創造」や、「児童の学力向上」「生活指導上の問題解決」に有意な影響を与えることが明らかになった。一方，委員に対する質問紙調査結果から、委員が「学校支援ボランティアの実施」や「地域住民・保護者の活用についての意見反映」を行うことは、「児童の学力向上と学校の多様化や活性化」に有意な影響を与えるが、「生活指導上の問題解決」には有意な影響を与えないことが明らかになった。

　したがって、「地域運営学校において、学校と家庭、地域を結びつけるような教育活動の支援が行われることは、新たな教育活動の創造や、児童の学力向上、生活指導上の問題解決に影響を与える」という仮説に関して、「教員による教育活動の創造」や、「児童の学力向上」については、仮説が支持されると言える。また、「生活指導上の問題解決」については、教員と委員の認識は矛盾しているものの、上記のように、委員に比べ、教員の認識の方がより実態に近いことを考えれば、「生活指導上の問題解決」についても仮説が支持されると解釈できよう。したがって、地域運営学校において、学校と家庭、地域を結びつけるような教育活動の支援が行われることは、「生活指導上の問題解決」にも影響を与えていると考えられる。

　以上のことから、研究課題２について、次の３点を指摘できる。

　第１に、学校運営協議会において、学校経営の方向性に関わる事項が協議されることは、「児童の学力向上」や「生活指導上の問題解決」の領域に関する「学校教育の改善」に影響を与えているとは言えないが、教員による教育活動の創造に関する「学校教育の改善」に影響を与えている可能性があると言える。

　第２に、地域運営学校において、学校と家庭、地域を結びつけるような教育活動の支援が行われることは、学校と家庭間のネットワークや信頼、互酬的関係の形成に影響を与えているとは言えないが、学校と地域間のネットワークや信頼、互酬的関係の形成に影響を与えていると言える。学校家庭間と学校地域間のネットワークや信頼、互酬的関係の形成に違いが生じることは、学校運営協議会において、既述の通り、保護者委員に比べ、地域住民の委員の方が多

数を占めることや、仲田（2010）の言う「保護者の劣位性」に起因すると考えられる。

　第3に、地域運営学校において、学校と家庭、地域を結びつけるような教育活動の支援が行われることは、「教員による教育活動の創造」や、「生活指導上の問題解決」「児童の学力向上」、すなわち「学校教育の改善」に影響を与えている可能性があると言える。なお、これら第2、第3の指摘について、第5章、第6章、第7章の結果を併せて考えると、表4-4の結果に関して、次のように解釈できると考える。すなわち、表4-4の結果は、「学校と家庭、地域を結びつけるような教育活動の支援が行われることは、教員と地域住民間のネットワークや信頼、互酬的関係の形成に影響を与える。そして、教員と地域住民間のネットワークや信頼、互酬的関係の形成が、新たな教育活動の創造を促し、児童の学習活動の質的改善をもたらす」というように、成果認識間に段階があることを示していると考えられる。

　また、上記3点から、研究課題5について、次の4点を指摘できる。

　第1に、学校運営協議会における校長と教員に対するアカウンタビリティの追求が、教員に新しい教育活動を創造させる動機を与えることを通して、新たな教育活動の創造が起こっている可能性がある。ただし、教員は、このようにして創造された教育活動が、「児童の学習活動の質的改善」をもたらすと認識しにくいことが推察される。

　第2に、学校運営協議会における「公的討議」や「学校の定義」の問い直しが、教員に新しい教育活動を創造させる契機となっている可能性がある。ただし、教員は、このようにして創造された教育活動が、「児童の学習活動の質的改善」をもたらすと認識しにくいことが推察される。

　第3に、学校経営参加機関に関する活動を通じた地域住民と教員とのネットワークや信頼、互酬的関係の形成、すなわちソーシャルキャピタルの蓄積が、「教員による教育活動の創造」や、「生活指導上の問題解決」「児童の学力向上」、すなわち「学校教育の改善」に比較的強い影響を与えている。

　第4に、上記3つの学校運営協議会における学校教育の改善過程は、それぞれ完全に独立した過程なのではなく、同時に起こりうる過程であると考え

られる。このことは、「学校経営の方向性に関わる事項が協議されること」と、「地域運営学校において、学校と家庭、地域を結びつけるような教育活動の支援が行われること」の間には、教員に対する質問紙調査では弱い相関、委員に対する質問紙調査ではやや強い相関があることから言える。

第5章

学校運営協議会の導入による学校教育の改善過程
― B 小学校を事例として―

第1節 目 的

　本研究の第3の研究課題は、「学校運営協議会の導入による学校教育の改善
過程における、校長や教員、委員の認識や行為を解明すること」であった。そ
こで、本章では、学校運営協議会の導入による学校教育の改善過程を解明する
ことを目的とする。

　第1章で指摘したように、日本の学校運営協議会の導入による学校教育の
改善過程はいまだ解明されてはいない。また、学校運営協議会や学校経営参加
機関が導入されてから、学校教育が改善されるに至るまでの過程に関する教員
や委員の認識や行為といった組織過程についての知見が、管見の限り十分に蓄
積されていない。よって、学校運営協議会研究の残された課題の一つは、学校
運営協議会の導入による学校教育の改善過程を事例研究によって解明すること
にあると言える。

　学校運営協議会の導入による学校教育の改善過程を事例研究によって解明
する意義は、研究的にいまだ明らかにされていないことのみではない。実践的
にも、その過程を解明する必要がある。第3章で見てきたように、学校運営
協議会が導入されたにもかかわらず、学校教育の改善が円滑に進んでいない学
校が相当数存在することが示唆されているからである。より多くの学校におい
て、学校運営協議会の導入による学校教育の改善を起こすためには、その改善
過程が記述・説明されなければならない。

また、本研究の第5の研究課題は、「日本の学校運営協議会において、学校経営参加機関が学校教育の改善に影響を与える過程に関する3つの理論がどのように当てはまるか、を解明すること」であった。これに関連して、第3章での量的調査結果の検討から、「学校運営協議会において、地域住民や保護者と教員間のネットワークや信頼、互酬的関係の形成に関わる活動が、実際には多く行われている」ことや、「校長や教員に対するアカウンタビリティの追求や、学校の定義の問い直しも、学校運営協議会において、少なからず行われている」ことが明らかになった。

　また、第4章での量的調査結果の検討から、次の4点が明らかとなった。すなわち、①学校運営協議会における校長と教員に対するアカウンタビリティの追求が、教員に新しい教育活動を創造させる動機を与えることを通して、新たな教育活動の創造が起こっている可能性がある。ただし、教員は、このようにして創造された教育活動が、「児童の学習活動の質的改善」をもたらすと認識しにくい。②学校運営協議会における「公的討議」や「学校の定義」の問い直しが、教員に新しい教育活動を創造させる契機となっている可能性がある。ただし、教員は、このようにして創造された教育活動が、「児童の学習活動の質的改善」をもたらすと認識しにくい。③学校経営参加機関に関する活動を通じた地域住民と教員とのネットワークの形成や信頼、互酬的関係の形成、すなわちソーシャルキャピタルの蓄積が、「教員による教育活動の創造」や、「生活指導上の問題解決」「児童の学力向上」、すなわち「学校教育の改善」に比較的強い影響を与えている。④上記3つの学校運営協議会における学校教育の改善過程は、それぞれ完全に独立した過程なのではなく、同時に起こりうる過程である。

　しかし、これらの理論が、学校運営協議会において、実際にはどのように観察され、どのような過程を経て、学校教育の改善を起こしているのかについては、いまだ十分に解明されてはいない。しかし、この点を事例研究から解明することは、第3章や第4章で検討してきた量的データの意味を解釈する点からも、学校運営協議会の導入による学校教育の改善過程を解明する点からも必要である。

以上の問題意識から、本章では、V市立B小学校を対象とし、その地域運営学校の指定から現在に至るまでのスクールヒストリーの分析を通して、学校運営協議会の導入による学校教育の改善過程を明らかにすることを目的とする。

第2節　方　　法

本研究では、調査を始めた当初、学校運営協議会の実態に関する理解を深めることを目的に、知人の大学教員が会長を務めていた学校に、学校運営協議会の傍聴を依頼し、許可を得た。フィールドワークを実施している最中に、B校では、学校運営協議会の導入によって、地域住民・保護者を巻き込んだ教育活動が多く実施されていることが観察された。そこで、B校を事例校として選定することにした[1]。

まず、B校のあるV市区町村の特徴を述べる。以下のV市に関する情報は、2012年1月15日現在、V市ホームページに記載されていたものである。V市は関東地区に位置し、その人口は約50万人で、「住宅都市としての性格をもちながら発展してきた」とされている。V市では2001年に、学校評議員会が管轄下の全小・中学校に設置された。また、2002年から、「指定校」に隣接する範囲の学校を保護者が選べる「学校希望制度」が導入されている。2005年には、小学校2校、中学校2校が地域運営学校に指定されている。学校運営協議会が導入された学校では、学校評議員は置かれていない。

2006年から、V市教育委員会は、「学校支援本部の取組への支援を全国に先駆けて開始」し、2010年には、学校支援地域本部をV市立の全小・中学校に設置している。文部科学省は、2008年より、地域住民がボランティアとして学校の教育活動をサポートする体制を整備する「学校支援地域本部事業」を実施している。学校支援地域本部事業は、学校・家庭・地域が一体となって地域ぐるみで子どもを育てる体制を整えることを大きな目的としている。2010年度には、2,540の学校支援地域本部（小学校5,939校、中学校2,620校）が設置

されていた。

　2007年には、Ｖ市が独自に教員を採用し、管轄下の小学校に配置する施策が実施されている。こうしたＶ市が独自に導入した施策は、全国的に見ても比較的早い時期に実施されていると考えられる。これらのことから、Ｖ市は、市区町村独自に学校教育に関する先進的な施策を実施する「先進自治体」であると言える。

　Ｖ市教育委員会が公表している平成20年度の全国学力・学習状況調査結果によると、Ｖ市教育委員会では、小学校6年生の国語の平均正答率は、Ａ（主として知識）、Ｂ（主として活用）とも、全国平均よりも約10％高い。また、小学校6年生の算数の平均正答率は、Ａ（主として知識）で約7％、Ｂ（主として活用）で約10％、全国平均よりも高い。このことから、Ｖ市の児童は、全国の児童に比べて、学業成績の達成率が高いと考えることができる。

　Ｖ市立Ｂ小学校は関東圏の大都市近郊の住宅街に位置している。Ｂ校の開校年は、1930年代である。学校を建築する際、地域住民が費用の半分を負担しており、地域住民の学校への思い入れは強い。2008年の教職員数は30名、児童数は約570名、不登校児童はいない。2008年の学校教育理念は「豊かなかかわり」である。Ｐ校長は2004年4月に着任し、2010年3月に異動している。

　Ｂ校の学校運営協議会は2005年4月に導入された。2009年の議事内容は、報告事項と協議事項、人事に関する事項（非公開）である。協議事項は、主に教員から提案されている。委員構成は、会長（学識経験者）、校長、学識経験者2名、地域住民7名、保護者1名（PTA会長）である。協議会は、月に1度程度開かれ、2009年度には、毎回10名以上の教員が協議会に出席していた。

　調査方法は、参与観察および元保護者2名とほぼすべての教員に対する面接調査である[2]。面接した人数の総数は30名であり、総面接時間は、1,179分である。本章では、その中でも特に重要と思われる7名分（513分）の口述を後に引用している。この7名の口述は、Ｂ校のスクールヒストリーがよく語られているために、分析の対象とした。また週に1度程度、学校支援ボランティアとして参与観察を行い、別途毎月の協議会の多くを傍聴し、観察記録を作成した。面接調査時の聞き取り内容は、学校運営協議会導入から現在までの協議

第5章　学校運営協議会の導入による学校教育の改善過程 — B小学校を事例として — *97*

会の活動の変化や、活動が変わっていった理由等である。学校便りや学校運営協議会の便り、その他の文書も可能な限り収集し、分析対象とした（表5-1）。

　また、B校教員による地域運営学校に関する認識を知るため、2009年1月、留置法にて、B校の教員（教頭含む）を対象に質問紙調査を実施した。配布された25通の調査票の内、17通の有効票が回収された。調査内容は、学校運営協議会で重視されている活動、地域運営学校の成果認識等である。

　別途、2009年1月に、B校を除く、調査時点で地域運営学校に指定された全国の小学校242校に対して、郵送法にて、同様の質問紙調査を実施した。まず調査協力の依頼を行った上で、了承を得られた26校に対して当該校教員の人数分の質問紙を配布した。調査票の送付と回収は学校単位で行った。全調査票のうち、2通以上回収できた23校分、243通の有効票が回収された。

　上記の調査は、第3章と第4章で分析された地域運営学校の教員に対する調査と同様である。

　本章の調査は、筑波大学大学院人間総合科学研究科研究倫理委員会の承認を受けて実施された。面接調査を実施する際には、公表するにあたって、個人が特定されることがないようプライバシーの保護に努めること、わからないことや回答したくないことについては回答しなくてもよい旨を事前に伝えた。具体的には、記述に際して、学校名や個人名、地名が特定されることがないようイニシャル等で表記することや、公表が困難な場合は、公表を拒否することができることを伝えた。

表5-1　B校における質的調査の概要

	観察日数	調査時期
参与観察	学校支援ボランティア 30 日	2008 年 4 月〜 2009 年 3 月
	学校運営協議会傍聴 15 日	2008 年 4 月〜 2010 年 3 月
	対象	調査時期
面接調査	（グループ面談）	2009 年 2 月 23 日
	校長 P 氏、元教頭 Q 氏、元教務主任 R 氏、元教諭 S 氏	2009 年 3 月 1 日
	教諭 T 氏（図工専科）	2008 年 8 月 1 日
	教諭 U 氏（研究主任）	2009 年 3 月 31 日

第3節　B小学校における学校運営協議会導入による学校教育の改善

　序章で検討したように、ソーシャルキャピタルは、社会的ネットワークや信頼、互酬的関係が、何らかの価値を生み出す事象が注目された時に使用される概念である。調査の結果、B校においても、学校運営協議会の導入によって、地域住民、保護者と教員間のネットワークや信頼、互酬的関係が形成され、何らかの価値あるもの、例えば新しい教育活動が創造され、学校教育の改善が起こったと考えられる。

　まず、B校が、学校運営協議会の導入によって、学校教育の改善が起こった事例であることを示す。表5-2は、第4章で検討した地域運営学校の成果認識の下位尺度に関するB校教員の回答と、全国調査で得られた23校（B校とA校を除く）の教員の回答について、平均値の差の検定（t検定）を行った結果である。各質問項目について、教員に「あてはまる」「ある程度あてはまる」「少しあてはまる」「あてはまらない」から選択してもらい、それぞれを4点から1点として下位尺度得点の平均値を得た。

　表5-2によれば、「生活指導上の問題解決」「児童の学力向上」について、B校教員の地域運営学校の成果認識の平均値は、全国の地域運営学校の小学校教員のそれに比べ、1％水準で有意に高い。このことから、B校では、他

表5-2　小学校教員による地域運営学校の成果認識（B校と全国との比較）

地域運営学校の成果認識の下位尺度	B校			全国23校			t検定結果
	平均値	SD	N	平均値	SD	N	
生活指導上の問題解決	2.65	0.68	14	2.21	0.61	222	**
学校と家庭地域間の連携促進	3.18	0.77	15	2.73	0.65	222	*
学校の活性化と多様化	3.43	0.48	16	2.76	0.66	232	***
教員による教育活動の創造	3.02	0.80	16	2.52	0.68	227	**
児童の学力向上	3.09	0.78	15	2.48	0.67	231	**

*p< .05　**p< .01　***p< .001

の地域運営学校より、学校運営協議会の導入によって、「児童の学習活動の質的改善」が起こっていると言える。また、表5-2によれば、「教員による教育活動の創造」について、B校教員の地域運営学校の成果認識の平均値は、全国の地域運営学校の小学校教員のそれに比べ、1%水準で有意に高い。これらのことから、B校では、他の地域運営学校より、学校運営協議会の導入によって、「新たな教育活動の創造」による「児童の学習の質的改善」、すなわち、「学校教育の改善」が起こっていると言える。よって、B校を学校運営協議会の導入による学校教育の改善事例として位置づけることは妥当だと言える[3]。

また、表5-2によれば、「学校と家庭地域間の連携促進」について、B校教員の地域運営学校の成果認識の平均値は、全国の地域運営学校の小学校教員のそれに比べ、5%水準で有意に高い。このことは、B校では、他の地域運営学校より、学校運営協議会の導入による地域住民・保護者と教員間のネットワークや信頼、互酬的関係の形成が進行していることを示唆していると思われる。

表5-3はB校の学校運営協議会の活動をまとめたものである。表5-3より、B校では、学校運営協議会が導入されて以来、次々に地域住民と保護者を巻き込んだ教育活動が生み出されていったことがわかる。例えば、2005年には、ボランティア組織が存在しなかったが、2006年には、図書、図工、体力測定、2007年には学習支援のボランティア（主に保護者で構成）が組織されている。2006年には、近隣の大学や幼稚園、地域のバス会社との交流が授業に組み込まれている。これらのことから、B校では、学校運営協議会の導入により、地域住民・保護者と教員間のネットワークの形成が促され、地域住民と保護者を巻き込んだ教育活動が生み出されていったことがわかる。こうした地域住民と保護者を巻き込んだ教育活動の創造が、児童の学習活動の質を改善させた（表5-2）と考えられる。

また、学校運営協議会の導入により、地域住民・保護者と教員間のネットワークの形成が促され、地域住民と保護者を巻き込んだ教育活動が生み出されていったことについて、B校の元教員は次のように語っている（口述5-1）。

表5-3　B校の学校運営協議会の主な活動内容（2005年度～2008年度）

年／月	主な活動内容など
2005/7	体育館にて、夏休みに児童が作った段ボールの家で宿泊する活動開始。2009年まで継続。
2005/11	部会編成（教育コーディネート、環境、安全、調査行事、広報）。
2006/2	図書ボランティア設置。初回40数名の参加。2009年まで継続。
2006/4	学校教育コーディネーターが配属される。
2006/4	B校ルールブック（仮名）を作ることを決定。
2006/4	B校ボランティア倶楽部（図工・体力測定補助）初顔合わせ。
2006/4	近くの公園を4年生児童が作った作品で飾る授業開始。ボランティアが作品搬入等を支援。総合・図工科。2009年まで継続。
2006/5	コミュニティスクール推進事業調査研究校指定。教員1名加配。
2006/5	薪能。神社にて、5年生の児童による作品を展示。搬入、撤収、見回りをボランティアが支援。総合・図工科。2009年まで継続。
2006/7	大学パイプオルガンの演奏を6年生が鑑賞。2009年まで継続。
2006/9	バス会社との連携が始まる。委員とQ元教頭がバス会社に挨拶。
2006/11	バス車内ギャラリー。77台すべてのバスにB校児童の絵を展示。
2006/11	イギリスの学校との交流開始。5年生と交流。2009年まで継続。
2006/12	B校ルールブック（仮名）完成。1,300部印刷を予定。
2006/12	公園に飾られたプロのアートを4年生児童が鑑賞。総合・図工科。
2006/12	委員の勤める学校近くの幼稚園の園児と5年生児童との交流。
2007/4	町会の回覧板に学校運営協議会便りを加えることに。
2007/5	地域に伝わるお囃子がクラブ活動になる。
2007/7	サマープラン開始。学習会各学年約20名。灯籠作り23名、毎木調査33名、図工34名、読書44名、英語43名の申し込み。
2007/9	学習支援ボランティアによる算数・国語の授業補助。保護者25名。
2007/10	3年生総合「お店体験」。体験の場の提供に3人の委員が協力。
2007/11	コミュニティスクール推進事業研究発表会。
2008/4	B校ルールブックカレンダー版（仮名）の制作配布の準備。
2008/8	サマープラン申込総数365名。お抹茶タイム。エコキッズ。本の森で遊ぼう。星の観察。イギリスの学校との交流、B校学習会。

注：B校の学校運営協議会便りをもとに、筆者が作成

（口述 5-1）元教諭 S：（地域運営学校になって）人とのかかわりがうーんと増えた。……大変なことになるのではないかと思っていたのが、あけてみたら、あれも面白い、これも面白い、そういうのはいっぱいありました。だから B 校ならではの経験がたくさんできて人脈もすごく増えた。……

元教務主任 R：やってみて、授業の幅とか学習の幅、そういうのが広がったという感じですね。……算数にしたって土曜日学校だって、サマースクールだって、いつでも体験できるというのが、一年中ある。

以上のことから、B 校を、学校運営協議会の導入によって、地域住民・保護者と教員間のネットワークの形成が促され、地域住民と保護者を巻き込んだ教育活動が生み出されていったことを通じて、学校教育が改善された事例であると位置づけることができる。以下、B 校では、どのような過程を経て、この事態が生じたのかを解明するため、B 校のスクールヒストリーを記述する。

第4節　B小学校のスクールヒストリー

B 校では、地域運営学校になる以前、総合的な学習の時間等で地域連携活動が進められていた。ただ、その活動は B 校の特色として教員に共有されたものではなかった。教員や児童、学校環境にも解決すべき課題があると認識されていた（口述 5-2）。P 校長は、B 校に協議会を設置することを、教育委員会から期待されていると感じていた。P 校長は「しばらくやりたいともやりたくないとも言っていな」かった。だが、学校の課題を解決するにあたり、「どれを選択しようか」と考えていた。P 校長は、協議会の導入が不可避ならば、これらの課題を解決するために利用しようと考えていた。これらのことを背景に、2005 年、B 校に学校運営協議会が設置された。なお、語りにおける「CS」とは、学校運営協議会または地域運営学校のことを指している。

（口述 5-2）P 校長：B 校に来た時（2004 年）、まず第一印象は、なんて先生達が閉じているんだろう。……このままいったら伝統のある学校が閉じたままでい

て、時代から遅れていって保護者とうまくいかなくなったり、大きなことが起きたり。子どもの状態もけっしていい状態ではなかった。……もう一つは学校に入った時になんて汚い学校なんだと。……子どもの心がわくわくするような学校環境ではないと思った。私は……環境は人を作るという強い思いがあったので、これを何とかしたいというのはすごく思っていた。その時に、こういう大きな伝統のある学校だから、自分がやりたいって言っても無理だなと。でも何か教育委員会の施策の中で、B校の特色としていいものはないのかな（と思った）。でも私は残念ながら、ここに来た時にB校の特色は何って、先生みんなに聞いたけど、誰も答えてくれなかったし、統一したものがなかった。でも、総合でいっぱい研究した学校だから片鱗はあるんだよ。でもそれが共有されてないし、続いてこなかった。……その中で、保護者や地域や子どもの実態、教職員の実態を見た時に、何か一手打たないとって思った。

　だが、学校運営協議会設置直後、協議会委員の中には、「百マス計算」といった、学校側が「その当時、別にそれをやろうという意識はなかったものをおっしゃった方」がいた。当初、P校長は「あまり前にでちゃいけないと、じっと聞いていた」が、「バラバラなことをおっしゃる」委員をみて、「学校が主体になってコミュニティを作る」決心をした（口述5-3）。

　　　（口述5-3）Q元教頭：学校のやっていることを評価して査定して、それでいいか悪いかで方向性を決めていく、（委員は）そういう役目を我々が持っている（と認識していた）。だから、そこでいっしょに作り上げていくという認識がなかった。だから、（協議会は）理事会だよね。
　　　R元教務主任：そうですね。一年目はそういうふうに思っていましたね。
　　　Q元教頭：万歳の手をあげちゃったら（降参したら）向こうが教育内容に介入してくるというのがあるから、そこのところはせめぎ合いというか、そうはさせないぞという思いが強かった部分は絶対ありますね。

　このようなコンフリクトは、保護者向けの協議会の発表の時、教員と委員が共同で保護者に向けて説明をしたこと等を通して、教員と委員が相互に関わりを深めていったため、解消されていったと考えられている。また、コンフリクトが解消され、P校長が協議会運営を主導できたのは、学識経験者であるD会長による学校側への支持があったからだと考えられている（口述5-4）。

第5章　学校運営協議会の導入による学校教育の改善過程 — B小学校を事例として —　*103*

　（口述5-4）Q元教頭：（保護者向けの協議会の）発表の時に学校の担当（教員）とCSの担当（委員）がいっしょになって保護者に説明するような形を作っていった。そこの所で関わりながらやっていくことで、理事会的な部分というのがどんどん消えていったのかな。あとはD会長の元々の考え方というのが。

　R元教務主任：一番大きいですよ。

　Q元教頭：大きいですよね。というのは、CSの中には、権限として、人事権とか、ああいうのを持っている……K小学校では、人事権についての部分を前面にだして、校長に対して、運営委員会の理事長が指示を出すような形で動いていったけど、D会長はK小のようなコミュニティを作っちゃだめだというのを最初に思っていた。……そういう方が会長さんになられたことと、学校の思いがうまく結びついていったのが（よかった）。

　2005年、「体育館にて自作の段ボールの家で宿泊する活動」がT教諭主導で行われた。この活動の目的の一つにコンフリクトの解消があった（口述5-5）。

　（口述5-5）T教諭：最初にCSがたちあがった時の会議はものすごい印象的だった……すごく堅かったんです。……このままいったら大変なことになる……前途多難だなという気持ちはあったのですが……結局、地域とリンクした活動が展開されて、子どもの姿を見せると、みんな少し、子ども中心にやわらいでいくんじゃないかな（と思った）。

　また、委員は、保護者に向けた説明や教育活動といったような教員との共同の活動を通して、教員の実態を理解していった（口述5-6）。

　（口述5-6）V元保護者：委員さんも、自分が外から見ていた学校と（違い）、私もそうですけれども、やっぱり中に入ってみると、それなりのご苦労があることを理解することができました。

　2005年の秋、地域運営学校の基本理念が提案され、協議会で承認された。「私たちは子どもを愛し、子ども一人ひとりに笑顔が輝くよう、心を一つにして、B校コミュニティスクールを創造します」が基本理念である。基本理念と2006年に作られた運営理念は校長主導で作成された。この点に関して、P校長は「（2つの理念ができた）その時はさりげなく出した。D会長の言葉をうまく利用しながら実は私たちが願っている言葉を作った」と語っている。

また、2005年の学校運営協議会の設立時、B校では総合的な学習の時間を中心に「地域の教材化」が進められた（口述5-7）。

> **（口述5-7）U教諭**：校長先生が2年目（2005年）で組織をがらっと変えた。その時に前の研究主任の人が出たので校長先生が私にやってくれと言った。その年は地域の教材化を中心にした研究を行った。……地域コミュニティを受けることがわかっていたので、地域を学習の中にどのように取り込んでいったらいいか、という地域の教材化をやっていく必要があるだろうってことから、そうした研究主題でやってきた。……（総合の）3年の地域のバス会社、4年の自然、5年の伝統、そういうのは私が研究主任になって3年くらいで、大体の教材化ができ上がってきた。

2006年、「B校ルールブック」が教員側からの提案で、委員や保護者、児童と共に作成された（口述5-8）。これは、「人の話は最後まで聞こう」「プラス言葉を使おう」等といった22項目のルールがまとめられた小冊子である。これらの項目は、生活指導上の「月目標」として2項目ずつ教室に掲示され、3年生の遠足での児童への指導時に、教員によって使用される（2008年6月10日の観察記録）等、B校の生活指導に活用されていた。P校長は「学力調査で教育委員会の方が2人いらっしゃいました。ここ何年か、いつも高い水準を維持している秘訣は（何か）ときかれましたので、B校ルールブックだと答えました。漢方薬のように子どもたちに定着しており、B校ルールブックがあるために、人の話を聞くのが上手になってきました」と述べている[4]。

> **（口述5-8）R元教務主任**：全員がプロジェクトチーム、B校ルールブックに関しては……始めはこの校長室で始まったものがどんどん広がって……。
>
> **S元教諭**：（B校ルールブックについて）月1回のCS会議で話をし始めたら、運営協議会ものってきたし、夏にCSが入ってPTAも入った。そのような感じで、そこから根が広がるように広がりました。

また、2006年には、「児童の作品で公園を装飾」する活動が授業として実施された。委員の一人が、この活動を主催するNPOの代表を務めており、直接、活動に関わっている。5年生のイギリスの学校との交流に関わる授業も行われ、別の委員の一人が直接、活動に関わっている。こうした授業は地域運営学校になったために実施しやすくなったと考えられている（口述5-9）。

（口述5-9）T教諭：小さな事かもしれないけど、やってる内容は子どもが夢中になって活動できるようなね。結局ＣＳになったからそういうことが比較的楽にできる。ＣＳだとよりやりやすくできる。他の学校でもできなくないですよ。でもたぶん10年近くかかると思う。……ここは結構速かったです。4年ちょっとでいろんなことが回転し始めている。

2006年、地域運営学校の運営理念が校長より提案され、承認された。「私たちは本校教職員が元気に楽しく前向きに子どもたちのために力を発揮し、子ども一人ひとりの自己実現が可能になるよう支援体制を作ります」が運営理念である。2008年5月の協議会便りの記述は、Ｂ校の地域運営学校が、基本理念や運営理念に沿って運営されてきたことを示している（資料5-1）。

（資料5-1）Ｂ校協議会便り 2008年5月号に掲載されたＰ校長の挨拶文
（Ｂ校の）コミュニティスクールは、教職員と保護者・地域の連携と協働により、子どもたちを心身共に健やかに育成することを目的としています。これまでの3年間、皆様方の多大なご協力のおかげで、「Ｂ校流」のコミュニティスクールの活動が年々活発になり、充実してきました。

また、2008年には、ルールブックのカレンダー版が作成された。口述5-10の語りは、児童が「Ｂ校ルールブックカレンダー版」を「ありがとうと伝えたい相手に持っていく」という教育活動そのものが、地域住民・保護者と教員間のネットワーク形成を促すと認識されていることを示唆している。

（口述5-10）Ｐ校長：これ（Ｂ校ルールブックカレンダー）ができあがった時に子どもが自らこれをありがとうと伝えたい相手に持っていく教育活動を入れましたよね。そのことによって子どもから地域に発信していきますよね。そうするとこれが共通の価値観でまた広がっていく。

2009年5月の学校運営協議会での会話（議事録5-1）は、協議会の場で、地域住民と教員による共同の教育活動が生み出されることを示唆している。

（議事録5-1）Ｅ委員：（行政の）商店街の活性化事業で、うちの商店街が（選考に）残った。地域の空き店舗をスペースにして広い意味での活用を進めている。アイデアをいただければと思っている。いろんな知恵をいただければ。……

F委員：なんちゃって美術館というのもある。小さな博物館もできる。コミュニティスクールのカフェもつくれる。

E委員：古い店舗だが、なおせば使える。コミュニティハウスにしたい。何か接点ができればなと思う。学校と地域（の距離）が縮まるように。

T教諭：すごいそれを待ってたなと思うんです。……店舗を利用して子どもにやらせたいことがある。町のガイドをする場所を作るとか、お金の使い方を学ぶとか、模擬商店、ラジオ局、何でもできる。展開が広がっていく。

第5節　B小学校のスクールヒストリーの分析と考察

本研究の第3の研究課題は、「学校運営協議会の導入による学校教育の改善過程における、校長や教員、委員の認識や行為を解明すること」であった。そこで、以下、これまで記述してきたB校のスクールヒストリーの検討を通じて、学校運営協議会導入による学校教育の改善過程を考察するとともに、その改善過程における校長や教員、委員の認識や行為を解明する。

B校では、地域運営学校になる以前、教員の閉鎖性や児童の状態、学校環境に解決すべき課題があったと校長によって認識されていた。校長は学校運営協議会を、これらの学校課題の解決に活用しようと考えていた（口述5-2）。このような校長による学校の課題認識があったために、後に、P校長が主体的に学校運営協議会の役割を意味づけることになったと考えられる。

学校運営協議会が導入されると、委員が教育内容に介入するようになり、教員と委員の間にコンフリクトが発生した。このコンフリクトは、学校運営協議会の意味づけをめぐるコンフリクトであったと考えられる。すなわち、学校運営協議会を、「教員と地域住民・保護者との連携と協働」（資料5-1）を促す組織と意味づける教員と、学校教育を「評価や査定」する組織、つまり「理事会」（口述5-3）と意味づける一部の委員との、意味づけをめぐるコンフリクトであった。

研究課題5に関して言えば、学校運営協議会を、学校教育を「評価や査定」する組織、と意味づけることは、学校運営協議会を、校長と教員に対して「ア

カウンタビリティを追求する機関」と意味づけることに相当すると思われる。一方、学校運営協議会を、「教員と地域住民・保護者との連携と協働」を促す組織、と意味づけることは、学校運営協議会を、「地域住民・保護者と教員間のソーシャルキャピタルの蓄積を促す機関」と意味づけることに相当すると思われる。

このようなコンフリクトを目の当たりにしたP校長は「学校が主体になってコミュニティを作る」すなわち、学校運営協議会運営のイニシアチブを得る決意を新たにした。

こうしたコンフリクトが解消された要因として、次の2点を指摘できる。

第1は、学校運営協議会の会長が教員の意向を支持したことである。会長の支持があったため、P校長は協議会運営のイニシアチブを得ることができた（口述5-4）。そうして学校運営協議会の役割を「教員と地域住民・保護者との連携と協働」と意味づけること（資料5-1）が優勢になり、コンフリクトが解消されたと考えられる。

第2は、委員が教員との共同活動を通して、教員との関わりを深めていったことである。保護者向けの学校運営協議会の発表では、教員と委員が保護者に対して、共同で説明を行った（口述5-4）。また、T教諭は、教員と委員の間に発生したコンフリクトを解消する意図もあって、地域住民・保護者を巻き込んだ教育活動を企画、実施した（口述5-5）。委員は、このような共同活動を通して、教員との関わりを深めていくことで、教員の実態を理解していった（口述5-6）。こうして委員が教員の実態を理解した結果、「理事会的な部分がどんどん消えていった」（口述5-4）、すなわちコンフリクトは解消されたと考えられる。

学校運営協議会の役割が「教員と地域住民・保護者との連携と協働」と意味づけられたことや、教員と委員が相互に関わりを深めていったことによって、「子どもが夢中になって活動できるような」ことが「CSだとよりやりやすくできる」（口述5-9）ようになったと考えられる。こうしてB校の学校運営協議会では、B校ルールブック作成（口述5-8）をはじめとする地域住民や保護者を巻き込んだ教育活動が創造されるようになった。また、「地域の教材化」と

呼ばれる教育課程の変更は、地域住民と保護者を巻き込んだ教育活動の創造を促していたと考えられる（口述 5-7）。こうした地域住民や保護者を巻き込んだ教育活動の創造が、児童の学習活動の質を改善させたと考えられる（表 5-2、口述 5-1）。

　以上の過程は、「ネットワークというものは活動や場が提供されるところで形成される傾向がある」というベーカー（2001: 122）の指摘と合致する。B 校の事例では、学校運営協議会が「場」、そこで創造される地域住民や保護者を巻き込んだ教育活動が「活動」にあたる。それら「場」と「活動」が地域住民・保護者と教員間のネットワークや信頼、互酬的関係の形成を促していたと考えられる（口述 5-10、議事録 5-1）。

　また、地域住民や保護者を巻き込んだ教育活動の創造と、地域住民・保護者と教員間のネットワークや信頼、互酬的関係の形成とは、ポジティブフィードバック（曽余田 1997）の関係にあると考えられる。すなわち、地域住民や保護者を巻き込んだ教育活動の創造によって、その教育活動そのものが地域住民・保護者と教員間のネットワークや信頼、互酬的関係の形成の場となる（口述 5-10）。そして、地域住民・保護者と教員間のネットワークや信頼、互酬的関係の形成が、さらなる地域住民や保護者を巻き込んだ教育活動の創造を促す（議事録 5-1）といった循環が発生していた。口述 5-9 の「夢中になってできるような活動」が「回転し始めている」との語りは、この循環過程を表現したものと解釈できる。このような循環の中で、「新たな教育活動の創造」による「児童の学習活動の質的改善」、すなわち「学校教育の改善」が起こっていったと考えられる。

　以上のことから、研究課題 5 に関して、次の 2 点を指摘できる。

　第 1 に、B 校では、第 1 の理論、「自律的学校経営の仕組み、すなわち学校への権限の委譲と、学校経営参加機関による校長と教員に対するアカウンタビリティの追求が、新たな教育活動の創造を起こしている」過程は、直接には見られない。これは、B 校では、学校運営協議会を、校長と教員に対して「アカウンタビリティを追求する機関」と意味づけることが優勢にはならなかったことから言える。ただし、B 校の学校運営協議会では、常に、校長と教員に対し

て間接的にアカウンタビリティが追求されていたと考えられる。なぜなら、B校では、月に1度程度、学校運営協議会が開催されており、そこで、学校での出来事が報告され、学校経営に関する議題が協議される中で、校長や教員に対して、常に、間接的にアカウンタビリティが追求され続けていたと解釈できるからである。

　第2に、B校では、第3の理論「学校経営参加機関に関する活動を通じた保護者と教員とのネットワークや信頼、互酬的関係の形成、すなわちソーシャルキャピタルの蓄積が、学校教育の改善に影響を与えている」に近い過程が見られる。B校では、学校運営協議会の役割が、「教員と地域住民・保護者との連携と協働」を促す組織と意味づけられた。換言すれば、B校では、学校運営協議会の役割が、「地域住民・保護者と教員間のソーシャルキャピタルの蓄積を促す機関」と意味づけられたと言える。その結果、実際に、地域住民・保護者と教員間のネットワークや信頼、互酬的関係が形成された、すなわちソーシャルキャピタルが蓄積されたことによって、学校教育の改善が起こったと考えられる。

注
1)　本研究では、幸運にも、最初に観察に行った地域運営学校が、学校教育が改善されたと判断可能な学校であった。しかし、調査のデザインとしては、学校教育の改善を測る尺度を含んだ質問紙調査を全国の地域運営学校を対象に実施した上で、学校教育の改善の程度が高いと判断される学校を事例校として選定することが望ましいと思われる。なぜなら、最初に観察に行くことができた学校が、事例校としてふさわしい学校である確率は必ずしも高くはないと考えられるためである。
2)　本研究では、委員に対して面接調査を実施することができなかった。その理由としては、次の2点が挙げられる。第1に、委員は月に1度程度しか来校せず、筆者と委員との信頼関係の形成が困難であったため、聞き取り調査の依頼をすることができなかったからである。第2に、委員による学校や学校運営協議会、およびそれらの歴史に対する認識は、学校運営協議会での会話を記録することで把握が可能だと考えられたため、必ずしも委員から個別に聞き取り調査を行う必要はないと判断したからである。しかし、本研究のような学校運営協議会を対象とした事例研究の場合、委員に対する面接調査も、可能な限り実施することが望ましいと考える。この点は今後の課題である。

3) 全国調査のデータは、実施の了承が得られた学校が母集団の約1割であるため、全国の
地域運営学校を代表しているとは言い難い。だが、偏りがあるにせよ、実施の了承が得ら
れた学校は、比較的、地域運営学校の成果をあげている学校であると推測される。よって、
B校を協議会導入による学校教育の改善事例として位置づけることが妥当であるという本
論の主張を覆すものではない。

4) 2009年8月28日、B校学校運営協議会冒頭でのP校長の挨拶。

第6章

学校運営協議会の導入による学校教育の改善過程
―A小学校を事例として―

第1節 目　的

　本研究の第3の研究課題は、「学校運営協議会の導入による学校教育の改善過程における、校長や教員、委員の認識や行為を解明すること」であった。第5章では、学校運営協議会の導入による学校教育の改善事例として位置づけるB校を対象に、その改善過程を、校長や教員、委員の認識や行為から解明した。

　しかし、学校運営協議会の導入による学校教育の改善過程や、改善に影響を与える組織に関する要因の特徴は、B校の校長や教員、委員の認識や行為と、B校と同じような条件を持ちつつ、かつ、学校運営協議会の導入による学校教育の改善の程度がB校とは異なる学校の校長や教員、委員の認識や行為を比較することを通して、はじめて明らかにすることができると考えられる。そこで、本研究では、B校と同じような地理的、行政的条件を持つA校を事例として選定し、A校のスクールヒストリーの聞き取りや、A校およびA校学校運営協議会を対象としたフィールドワークを実施した。

　このように、本研究では、B校と比較することを念頭において、A校に関するデータが収集された。しかし、本章では、B校とA校の比較を行わず、A校のスクールヒストリーを記述し、説明することを通して、学校運営協議会の導入による学校教育の改善過程を明らかにすることを目的とする。なぜなら、B校とA校のスクールヒストリーを比較することからわかることと、A

校のスクールヒストリーのみを記述、説明することからわかることは、異なると考えるためである。B校とA校のスクールヒストリーを比較することから発見される学校運営協議会の導入による学校教育の改善過程については、第7章で検討する。

　また、本研究の第5の研究課題は、「日本の学校運営協議会において、学校経営参加機関が学校教育の改善に影響を与える過程に関する3つの理論がどのように当てはまるのか、を解明すること」であった。第5章と同様に、この研究課題についても、A校のデータから考察を加えていきたい。

　第2節　方　　法

　本研究では、まず前章で検討したV市立B小学校を事例として選定し、後に条件が近似したV市立A小学校を比較対象事例として追加した。両校は、同じ教育委員会の管轄下にある。その上、両校の学区は隣接している。さらに、両校は、学校運営協議会を同じ時期に導入している。したがって、地域特性や行政の特性がほぼ同じ条件のもとで、学校運営協議会の役割をどのように意味づけ、どのように行為することが、どのような新たな教育活動を生み出すのか、あるいは生み出さないのか、という本研究の問いを解明する上で、B小学校の事例とともに、A小学校の事例を検討することは重要だと判断し、A小学校を事例として選定した。

　A校があるV市の特徴は、前章で述べた通りである。A小学校の開校年は、1950年代である。A小学校を建築する際、地域住民が校地の寄進を行っており、地域住民の学校への思い入れは強い。2008年の教職員数は23名、児童数は約410名である。E元校長は、2001年4月に着任し、2006年3月に異動している。F元校長は、2006年4月に着任し、2009年3月に異動している。G校長は2009年4月に着任している。

　V市立A小学校の学校運営協議会は、2005年の4月に導入された。A校の学校運営協議会における2009年度の議事内容は、主に、学校や学校支援地域

本部からの報告、「諮問活動」とよばれる「ビジョンセッティングサポート」活動、人事（非公開）である。「ビジョンセッティングサポート」の議題は、毎回、C会長から提示されている。委員構成は、会長（学識経験者）、校長、学識経験者2名、地域住民7名、保護者1名である。学校運営協議会は、月に1度程度開かれ、2009年度には、毎回5名程度の教員が学校運営協議会に出席していた。管理職ではない教員の出席に関して、毎回3名程度の教員が入れ替わって学校運営協議会に参加する「当番制」が採用されている。なお、A校では、2007年に学校支援地域本部が設立されている。

　調査方法は、参与観察と、ほぼすべての教員に対する面接調査である[1]。面接した人数の総数は20名であり、総面接時間は、697分である。本章では、その中でも特に重要と思われる7名分（281分）の口述を後に引用している。この7名の口述は、A校のスクールヒストリーがよく語られているために、分析の対象とした。また2週間に1度程度、学校支援ボランティアとして参与観察を行い、別途、毎月の協議会の多くを傍聴し、観察記録を作成した。面接調査時の聞き取り内容は、学校運営協議会の導入経緯や、学校運営協議会の導入から現在までの協議会の活動の変化や、活動が変わっていった理由、その時の思いなどである。学校便り、その他の文書も可能な限り収集し、分析対象とした（表6-1）。なお、語りの中に含まれる「CS」とは、地域運営学校ないし

表6-1　A校における質的調査概要

	観察日数	調査時期
参与観察	学校支援ボランティア 12日	2009年4月～2010年3月
	学校運営協議会傍聴 12日	2009年4月～2010年3月
	対象	調査時期
面接調査	元校長E氏	2010年10月29日
	教頭H氏	2009年8月4日
	教務主任I氏	2009年7月23日
	教諭K氏	2009年7月28日
	教諭L氏	2009年7月28日
	教諭M氏	2009年7月23日
	教諭N氏	2009年7月23日

は、学校運営協議会のことを指している。

　また、A校教員による地域運営学校に関する認識を知るため、2009年11月、留置法にて、A校の教員（教頭含む）を対象に質問紙調査を実施した。配布された21通の調査票の内、17通の有効票が回収された。調査内容は、協議会で重視されている活動、地域運営学校の成果認識等である。

　さらに、別途、2009年1月に、A校およびB校を除く、調査時点で地域運営学校に指定された全国の小学校241校に対して、郵送法にて、同様の質問紙調査を実施した。まず調査協力の依頼を行った上で、了承を得られた26校に対して当該校教員の人数分の質問紙を配布した。調査票の送付と回収は学校単位で行った。全調査票のうち、2通以上回収できた23校分、243通の有効票が回収された。この調査は、第3章と第4章で分析された地域運営学校の教員に対する調査と同様である。

　本章の調査は、筑波大学大学院人間総合科学研究科研究倫理委員会の承認を受けて実施された。面接調査を実施する際には、公表するにあたって、個人が特定されることがないようプライバシーの保護に努めること、わからないことや回答したくないことについては回答しなくてもよい旨を事前に伝えた。具体的には、記述に際して、学校名や個人名、地名が特定されることがないようイニシャル等で表記することや、公表が困難な場合は、公表を拒否することができることを伝えた。

第3節　A小学校における学校運営協議会導入による学校教育の改善

　まず、学校運営協議会の導入による学校教育の改善の観点から、A小学校の位置づけを行う。表6-2は、第4章で検討した地域運営学校の成果認識の下位尺度に関するA校教員の回答と、全国調査で得られた23校の教員の回答（B校教員の回答を除く）について、平均値の差の検定（t検定）を行った結果である。各質問項目について、教員に「あてはまる」「ある程度あてはまる」

第6章　学校運営協議会の導入による学校教育の改善過程 ― A小学校を事例として ―　*115*

表6-2　小学校教員による地域運営学校の成果認識（A校と全国との比較）

地域運営学校の成果認識の下位尺度	B校			全国23校			t検定結果
	平均値	SD	N	平均値	SD	N	
生活指導上の問題解決	1.97	0.28	13	2.21	0.61	222	*
学校と家庭地域間の連携促進	2.69	0.51	14	2.73	0.65	222	
学校の活性化と多様化	3.00	0.47	14	2.76	0.66	232	
教員による教育活動の創造	2.52	0.52	14	2.52	0.68	227	
児童の学力向上	2.26	0.47	14	2.48	0.67	231	

＊p＜.05　＊＊p＜.01　＊＊＊p＜.001

「少しあてはまる」「あてはまらない」から選択してもらい、それぞれを4点から1点として下位尺度得点の平均値を得た。

　表6-2によれば、「生活指導上の問題解決」の下位尺度についてのみ、A校教員の地域運営学校の成果認識の平均値は、全国の地域運営学校の小学校教員のそれに比べ、有意に低い。地域運営学校の成果認識の平均値について、他の下位尺度では、A校教員と全国の地域運営学校の小学校教員の間に有意な差は見られない。よって、A校を、B校のような学校運営協議会導入による学校教育の改善事例として位置づけることはできない。そこで、A校を、B校と異なり、学校運営協議会導入による学校教育の改善の程度が、全国平均と同等の学校として位置づけることとする。

　また、表6-2から、A校では、全国平均と同程度、学校運営協議会が導入されたことにより、学校と家庭地域間の連携が促進されていることがうかがえる。このことは、A校では、学校運営協議会が導入されたことにより、地域住民・保護者と教員間のネットワークや信頼、互酬的関係の形成が、全国の地域運営学校と比べて、特に進行しているわけではないことを示唆している。

　また、A小学校において、学校運営協議会が導入されたことによる地域住民・保護者と教員間のネットワーク形成が特に進行しているわけではないことについて、A校の教員は、次のように語っている。

　　（口述6-1）I教務主任：みるみる図書室が変わっていった。挨拶運動が展開され

ていった。地域フェスタと称して授業にも入ってきている。……でもそこで一つ問題だったのが、動く力はあっても（地域住民や保護者を）巻き込む力が無かったのかな。

さらに、A小学校において、学校運営協議会が導入されたことによる学校教育の改善が、教員によって感じられにくいことについて、A校の教員は、次のように語っている。

　（口述6-2）N教諭：今、運営協議会が担うべき役割っていうのが、じゃあ、なかったときに、何が変わるのかな、っていうことを考えると、あることによるメリットっていうのは、第三者的な、例えば、学校に興味を持ってもらっているけれども、学校関係者ではない方々から客観的な意見がもらえたり、時にはアドバイスしてもらったり、もしくは人事面とかで協力してもらったりするっていう部分では、多少なりともメリットはあるかもしれませんけれども、実際問題、じゃあ、下々のものが（メリットを）感じられるかっていうと、それは感じないですよね。

以上より、A校を、B校とは異なり、学校運営協議会の導入によって、地域住民・保護者と教員間のネットワーク形成が特に進行せず、地域住民と保護者を巻き込んだ教育活動が特に生み出されなかったために、学校教育が改善されなかった事例であると位置づけることができる。以下、A校では、どのような過程を経て、この事態が生じたのかを解明するため、A小学校のスクールヒストリーを記述、分析する。

第4節　A小学校のスクールヒストリー

A小学校では、学校運営協議会が導入される以前から、近隣の学校とのネットワークの形成や、学校の定義の問い直しによって、新しい教育活動が生み出されていた。A小学校では、そうした学校運営協議会が導入される以前の歴史が、学校運営協議会の導入の重要な背景となっていた。そうした学校運営協議会導入以前の歴史を記述、分析することも、学校運営協議会の導入による学校教育の改善過程に関する知見を得る上では、重要だと考える。そこで、本節

第 6 章　学校運営協議会の導入による学校教育の改善過程 ― A 小学校を事例として ―　*117*

では、学校運営協議会の導入以前の A 校の歴史についても、記述、分析して
いく。

（1）　近隣の学校と連携した新しい教育活動の創造

　2001 年、E 元校長は A 小学校に校長として着任した。当時、A 校を管轄す
る V 市では、「学校希望制度」と呼ばれる学校選択制が導入されようとしてい
た。そうした中で、E 元校長は、A 校を保護者に選ばれる学校にする必要が
あると考えていた。だが、当時の A 校では、年齢層が高く、A 校在籍年数も
長い教員ばかりが勤務していた。E 元校長は、A 校の教員が、選ばれる学校
にしなければならないという「危機感」を持っておらず、年齢層が高いために
「変われというのは無理」だと認識していた。そのような状況下で、E 元校長
は、A 校の学区が有している地域の資源を生かして、学校を変えていこうと
考えた（口述 6-3）。

　　（口述 6-3）E 元校長：A 校も平均年齢 50 歳、一番若い人は 46 歳、そして、10
　年いる人ばかり、10 年、9 年、8 年、7 年、一番若くて 6 年の人。校長と教頭が新
　しく来て、養護の人が新しくきた。その人たちに変われというのは無理ですね。状
　況をよく見て、今、世の中はどういうことを要求しているのか。学校がそこにある
　から子どもがくると思ったら、違うんだよっていうことを知らせるためにはどうし
　たらいいのか。選択制も導入されようとしていた。学校があるから子どもが来ると
　いうことはあり得ないです。選んでくるんですから。選ばれる学校でなきゃいけな
　い。そういう危機感を教員はもたない。どこかに異動すればいいんですから。……
　A 校に居たって、どうせ、私たちは異動するのよ、楽な方がいいわよっていう感じ。
　どの学校もそういう人がたくさんいたと思います。でも、私はもう最後の学校でし
　たので、なんとしてでも、自分の思う通りのことをやってみたい。思う通りという
　のは、何かこの学校が持っている宝で、子どもたちを集めてみたいなと思ったんで
　すよね。

　A 校の地域は「学園地域」であった。E 元校長は、A 校の地域が「学園地
域」であることをいかして、近隣の学校との連携を模索した。E 元校長は、A
校の近隣の、W 農業高校、X 工業高校などに、連携授業の実施を働きかけた。
W 農業高校の教頭は、E 元校長の提案を前向きに受け入れた。後に、X 工業

高校もE元校長の提案を受け入れた。それらの高校がE元校長の提案を受け入れた背景には、W農業高校とX工業高校を管轄する都道府県教育委員会が、高校改革を始めていたことがあった（口述6-2）。

　　　（口述6-2）E元校長：W農業高校もX工業高校も、県立高校は、改革の波が始まったところだったんです。あちらも生徒を集められなかったら廃校っていう、県はそういう方針をとっていました。X工業高校も退学者をいかに減らすかっていう。校長先生の数値目標は退学者を何％とか、すごかった。それから、W農業高校も、入学生を増やして。あっちは退学者があまりいなかったみたいだけれども、入学者は学科によっては、10割こないと言っていた。定員割れがあったんですね。最初の時ね。で、その改革をしなければっていう校長先生、教頭先生がいらしたんです、向こうも。X工業高校はその後ですけど。そして、私が持っていったものを、受け入れてくれるっていうかな、やってみようっていう教頭さんだったのね。……例えば、それまで（A校で）やっていたことは、2年生が苗を買うためにお金を持って、生活科のように、高校生の人たちに売ってもらうっていうのは、2年生がやっていました。それだけですね。やっていたのは。

　そうして近隣の学校との連携を模索していたある日、E元校長は、2頭の馬が、A小学校の校庭の前の坂道を通るのを見た。その馬は、W農業高校の馬術部の馬であった。E元校長は、「この馬を子どもと接するような、生活科に導入できないかな」と考えた。E元校長がW農業高校と交渉を行った結果、そのアイデアは2001年の11月に実現した。そして、E元校長は、1年生担任の教員に、児童と馬が接する活動を生活科の単元にするよう指示した。その教員は、児童が生活科で人参を育てて、それを馬に与えることや、馬に触れたり、馬の絵を描く教育活動を、年間計画に組み入れた。このようにして、A小学校では、W農業高校やX工業高校と連携した新たな授業が創られていった。

（2）　学校評議員による学校の定義の問い直し

　E元校長は、近隣の学校と連携した授業を創っていく一方で、A校において、「規律を守る」ことを徹底させた。その背景には、学校評議員であるC氏によるE元校長への問いかけがあった。A校の学校評議員制度は、2001年、E元校長の着任と同時に導入された。当初、A校の学校評議員は、A校校区

第6章　学校運営協議会の導入による学校教育の改善過程 — A小学校を事例として — 　*119*

の町会の若手で構成されていた。町会の若手は、A校の学校経営を全面的に支持していた。しかし、E元校長は、自らの学校経営に対して、「第三者評価」を行う学校評議員を求めた（口述6-3）。

> **（口述6-3）E元校長**：1年目は、町会の方が多かったですね。地域の方の評議員が多かったです。でも、そんな評議員って、第三者評価にならない。町会の方はこの学校を愛する人たちばかりだった。だから、そんなの評価にならないじゃない。厳しいことを言わないじゃない。それじゃだめだって思ったので、まったく違う職種の人が欲しかった。第三者評価と言うのは、身内じゃだめなんですって言われているじゃないですか。私の考える身内とは、愛することは大事なんだけど、もっとシビアな目で見てくれないと困る、と私は思ってました。

　その頃、A校の校区に、Z大学のグラウンドが完成していた。2002年当時のZ大学のラグビー部の副主将は、A校の卒業生であった。そこで、E元校長は、キャリア教育の一環として、卒業生に話を聞く授業を創り、Z大学のラグビー部の副主将をA校に招いた。こうしてZ大学との交流を始めた後に、E元校長は、Z大学のラグビー部に、学校評議員としてふさわしい人物の紹介を依頼した。そこで、紹介された人物が、後にA校学校運営協議会の会長となるC氏であった。C氏は学校評議員として、E元校長の学校経営について、問いただしていった。E元校長は、C氏の問いかけをきっかけに、自らの学校経営を自省して、A校において、規律を守ることの重要性を認識し、それが徹底されるように教員に働きかけていった。その結果、A校において、規律が守られるようになっていった（口述6-4）。

> **（口述6-4）E元校長**：C氏はやっぱり強烈でしたよ。私の学校経営方針を話すと、例えば、経営方針って漠然としているじゃないですか。明るい子とか、にこにこする学校とかって……具体的にC氏が最初、先生じゃあ、結局、何を目標にするのかって。その時に、私が自信を持たせたいって言った……（すると、）先生、自信を持たせるために何が足りないと思っているんですか？　とかね。C氏の視点で行くとね、もう、大変なんですよ。今までにない考え方を自分でひねり出していかなきゃいけない。私だって、古い考えしかなかった所に、そうか、結局、子どもたちに毎日学校が安全で、来たら何か学べて、この学校に一日いたら、何か力がついたと言えるようなものをすればいい。自信になっていくな、とこう自分で考えて

いったわけです。でも、それには、ここはなんてまあ喧嘩が多くって、時間になっても授業が始まらないし、いつまでたっても校庭で喧嘩していて、担任がそれに関わっていて、こんな授業をしていたら絶対駄目だと思っていたので、どうしようかな。そうすると、生活指導。もう時間になったらすぐに授業を始められるっていう。……私、校庭でチャイムがなると見ていましたから。いつまでたっても授業にたたない先生がいたら、もう早めに校舎をまわって、その先生がくるまで入り口で待っている。……そういうことを繰り返していきながら、先生たちが、チャイムが鳴ったら席につくためにはどうしていったらいいだろうっていうことを考えていってくれた。……（そうすると）段々に、時間を守るということが、つまり規律ができてきた。

（3）学校運営協議会導入の動機

　これまで見てきたように、A小学校では、E元校長のもと、約4年をかけて、近隣の学校との連携授業が創られ、「規律を守る」ことが徹底されていった。その結果、それまで、学校選択制の下、A小学校の学区から他校への入学希望者が、他学区からA校への入学希望者を超過していたのが、2004年には、逆に、他学区からA校への入学希望者が、A小学校の学区から他校への入学希望者を超過するようになった。

　そうした状況の中、2004年に、A校では、「地域連携から融合へ」と題した研究発表が行われた。その研究発表が終わった時点で、E元校長の退職は、1年後に控えていた。2004年度の終わり頃、E元校長は、A校で行われてきた、近隣の学校との連携授業や、「規律を守る」ことを継続させるために、A校に学校運営協議会を設置することをV市教育委員会に要望した（口述6-5）。

　　（口述6-5）E元校長：研究発表を終えて、私はもう退職まで1年しかなかった。やっと連携から融合への糸口ができたのに、あと1年で私が替わったら困ると思った。……うるさい校長（E元校長）がいなくなったら、（次の校長が）じゃあ勝手にやろうかって、W農業高校との連携もきっちゃう、X工業高校との連携もきっちゃう。それじゃあ困る。それから規律ある時間を守るという、A校はそこからスタートしたのに、そこもぐちゃぐちゃになったら困る。……あと1年、どれだけ準備できるかって考えたときに、これが降ってきたんですよ。地域運営学校というのがあるよ。地域運営学校というのはK小学校の例があって、校長の経営をバツ（批

第 6 章　学校運営協議会の導入による学校教育の改善過程 — A 小学校を事例として —　*121*

判）する所というイメージが強かった……でも、地域運営にして、地域の人たちの
運営委員会があったら、それが（学校経営を）診断してくれるっていうか、なんか
後押ししてくれて、これは A 校の宝だよ。これはなくしちゃだめなんだと、要する
にお目付役。

（4）教員と委員間のネットワーク形成を目的とした「実働」の実施

　E 元校長による要望の結果、2005 年、A 校に学校運営協議会が設置された。
だが、V 市教育委員会は、学校運営協議会で行われるべき活動を、明確に指示
することはなかった。そのような中、A 校の学校運営協議会では、C 会長の
強いリーダーシップの下、「形式にこだわらず、自由に考え、発言する」「走り
ながら考える。即実行する」[2] といった「基本姿勢」で、その活動が模索され
ていった。当初、C 会長は、教員と委員を連携させることを課題だと認識して
いた（資料 6-1）。そのため、初年度の学校運営協議会委員は「実働部隊」と
して活動し、「理事会の役割は無視」されていた[3]。D 職務代理も、委員が「学
校教育の側面支援的な事業に取り組む」ことが、教員と委員が信頼関係を築く
ことにつながり、ひいては委員が「学校運営全般」に関与する環境を整えるこ
とができると認識していた（資料 6-2）。

> 　（資料 6-1）A 校学校便り 2006 年 7 月号の C 会長による記述
> 　A 校 CS は……モデル校として昨年スタートをきり、様々な場で活動報告を行う
> 機会がありました。その都度、特に強調してきたことは、教職員の方々との連携の
> 難しさでした。

> 　（資料 6-2）A 校学校便り 2005 年 12 月号の D 職務代理による記述
> 　今、A 校 CS は、学校運営全般にいきなり取り組むのではなく、「あいさつプロ
> ジェクト」と「図書室改革プロジェクト」という学校教育の側面支援的な事業に取
> り組むことによって、学校運営についての「責任」と「権限」を共有するための基
> 盤と信頼関係を構築することをめざしています。

　A 校教員は当初、学校運営協議会に対して不安や不満を抱いていた。だが、
教員は学校運営協議会において、委員の支援的な様子を見ていく中で、その不
安や不満を解消していった（口述 6-6）。また、I 教務主任の発案で、教員が委

員に教員の仕事を説明する「ポスターセッション」が実施された。このことも教員が協議会委員を信頼する契機になったと考えられている（資料6-7）。

　　（口述6-6）K教諭：ふたをあけたら、（委員は）学校に対して要求を突きつけてくるというよりは、学校をサポートしてくれるっていう雰囲気だったので、そこはちょっと安心というか、私たちは先生や子どもや親のために、どんなことができるかということを考えていきますというところが、わりと前面に出ていたと思うので。その意味では、今まで持っていたイメージと違うんだなって思いました。

　　（口述6-7）I教務主任：担任の1日とか、保健室ってどんな所とか、教務主任って何やってるのかとか、校内研究ってどういうことをするのか。ポスターセッションといって、それぞれ長になるような人がいて、CS委員がお客さんになる形で、それらを聞いてもらうというのを1回やった。……それをやったことによって、これは私の主観でしかないけれども、その時に認めてもらったとか、誉めてもらったとか、先生ってすごいとか、初めて知ったとか、そういう言葉をCSの人から聞いて、（教員は）分かってもらえたという実感がつかめたのかな。

　2006年4月、E元校長は退職し、F元校長がA校に赴任した。それまでの教頭も同時に異動し、H教頭が赴任した。学校運営協議会では、2006年度も2005年度に引き続き、「挨拶部会」「図書部会」を中心に、教員と学校運営協議会委員による共同の教育活動が行われた。「挨拶部会」では、学校運営協議会委員の協力の下、挨拶の意識を高めたり、その実態を把握するために、アンケートがとられ、挨拶ポスターが作成された。「図書部会」では、「図書室改革プロジェクト」が行われた。具体的には、図書室を「もっと子どもたちが来て勉強のしやすい環境」にするために、委員の持つ人脈を使って、地域の土木事業者の協力の下、図書室に畳のスペースが設けられた。教員は、こうした「学校教育の側面支援的な事業」に関与する中で、当初のD職務代理のねらい通り、学校運営協議会委員を信頼するようになっていった（口述6-8）。

　　（口述6-8）L教諭：お互い長い間いろんな活動をしながらいっしょにやっていて、気心が知れてきた部分というのは大きいかもしれませんね。何か一つのことがあったとしても、何でその話をしているのかとか、わかってて言ってもらっているのか、わからないで言ってるのか、その辺が見えるじゃないですか。

第6章　学校運営協議会の導入による学校教育の改善過程 — A小学校を事例として —　*123*

（5）　学校運営協議会における学校の定義の問い直し

　2007年の秋、A校の学校運営協議会は大きな転機を迎えた。それまでのA校の学校運営協議会では、「実働」と呼ばれる教員と委員による共同の教育活動を中心とした活動が展開されてきた。それに対して、2007年の秋以降、学校支援地域本部設立を機に、A校の学校運営協議会では、「諮問活動」と呼ばれる「学校経営者に意見を述べる」活動に重点が置かれることになった（資料6-3）。

> ### （資料6-3）A校学校便り2007年夏休み号のC会長による記述
> 　現在、（CSでは、）4つの部会（あいさつ、図書、広報、イベント）を中心に地域の教育活動を行っています。一方でCSは本来の役割であるA小学校の経営に対して諮問機関のような形で学校経営者に意見を述べています。教育課程、教職員人事、教育予算が主な協議事項です。今年度、本校では学校支援本部が立ち上がる予定です。また新しい組織？　紛らわしい！　と思われるかもしれませんが、真意は地域既存の様々な活動がうまく連携できるための仕組みと考えてください。現在、CSが行っている4つの部会活動は今後学校支援本部が担い、CSは諮問活動を重点的に行っていく方針です。

　ここに記されている「学校経営者に意見を述べる」活動とは、具体的には、校長や教頭が、学校の現状を振り返り、将来のビジョンを設定して、そこに至るストーリーを描くことを、学校運営協議会が支援するものである。こうした活動は、A校の学校運営協議会にて、「ビジョンセッティングサポート」と呼ばれている。この「ビジョンセッティングサポート」は、学校運営協議会において校長の学校経営に関するビジョンが問われる点で、学校の定義を問い直す活動だと考えることができる。

　H教頭は、こうした「ビジョンセッティングサポート」を「考え方や視点が広がる」として、肯定的に捉えている。しかし、H教頭の認識によれば、F元校長は、「ビジョンセッティングサポート」を負担だと考えていた。また、H教頭は、C会長が、F元校長に、学校経営上のリーダーシップを発揮させる意図を持っていたために、学校運営協議会にて、「ビジョンセッティングサポート」が行われるようになった、と認識している（口述6-9）。

（口述 6-9）H 教頭：F 元校長はきつかったって言い方は変だけど、なんでああなった（ビジョンセッティングサポートが行われるようになった）か、っていうのを逆にとると、C 会長がもってってるかって言うと、やっぱり、F 元校長自身が（ビジョンを）提示してないっていうのはあるわけよね。校長として、リーダーシップをもっととってもらいたい。で、僕は、（F 元校長から）相談を受けることもあるし、自分で、言ってっちゃうこともあるんだけど、これは、こうした方がいいんじゃない、CS にこうじゃないかってことをずいぶん言ったこともあるんだけど、やっぱり、（F 元校長には）荷が重いっちゃ失礼だけど、ちょっとそこまでは、まわりきれてなかった。だから、（C 会長は）それを感じて、逆にあおりたてるわけじゃないけど、なんとかそれでも（リーダーシップを）出させないとっていうことで、始まってきたのかなって、研修みたいな形が。だから、あれは、もっと学校の管理職がしっかりせいよっていうそういう意味合いでやっていると思ってる。僕はそう捉えている。まあ、負担じゃないっていったら嘘になるけど、結構楽しんじゃってるね。やってないのと、やってるのだったら、どっちが自分にとって得かって考えたらさ、やってもらった方が絶対、いろんなことを考えるもんね。学校のこととか、CS のこととか。……だから、それを全部逆にいろんな意味で自分にとってはプラスになってるね。僕はね。ただ、F 元校長にはきつかったかもしれない。

E 元校長も、F 元校長が、こうした「ビジョンセッティングサポート」を行う学校運営協議会を消極的に捉えていたと、認識している（口述 6-10）。

（口述 6-10）E 元校長：（F 元校長は）地域運営って大変なんだよなって言っていたみたい。だから、彼は、（委員が）学校なんか知りもしないのに、教育のことなんか知りもしないのに、口出しすると思っていました。そういうふうに言っていると聞きましたから。

（6）教員と委員間のネットワークの弱化

また、学校運営協議会の活動の重点が、「ビジョンセッティングサポート」に置かれたことを契機に、教員の学校運営協議会への出席に関して「当番制」が採用された。この動きの背景には、教員の負担を軽減させる意図があった（口述 6-11）。

（口述 6-11）H 教頭：支援本部が立ち上がったことを契機にして……教員を CS の部会じゃなくて、支援本部の部門 4 つにわけちゃった。CS の本体の会議には、

第6章　学校運営協議会の導入による学校教育の改善過程 ― A小学校を事例として ―　*125*

その部門の代表者を1名ずつの参加にしたから、今まで全員参加していたCSの本体の会議に対して4人でよくなった。そういうふうにして、今までずっと僕が抱えていた7時からの会議への負担感をへらすのは、実際そこで初めて可能になった。

　しかし、「当番制」は教員の負担を軽減させた一方で、教員と学校運営協議会委員間のネットワークの弱化をもたらした（口述6-12）。

　　（口述6-12）H教頭：今まではほぼ全員が出ていたCS会議は出てるだけでそこで何が語られているかがわかったわけだよ。CSの動向、考え方やみんなの意見が……伝えなくても出てきてくれるからそこでわかったんだけど、今度代表の4人ずつが交替で出てくる形になった途端、CSの考えと動きが見えなくなる。

　また、K教諭は、「当番制」前に比べて、学校運営協議会に関連した教育活動を実施しなくなったと認識している（口述6-13）。

　　（口述6-13）K教諭：今、それこそ、（協議会へ出席することが）年に2回とか、3回くらいだから、ああ、こういうことを話しているんだくらいの感じなのかな。だから、むしろ最初の頃は、挨拶だったら挨拶の部会はこんなことを考えているんだって。じゃあ、私のクラスでも、ちょっと挨拶をするときに働きかけようとか、図書もこんなにきれいになったんだから、じゃあ、みんないっしょに本を読みに行こうよとか。（協議会へ出席していないと）そういう感覚はなくなります。

　一方、「実働」機能が移された学校支援地域本部では、移行前に行われていた教員と学校支援地域本部員による新たな教育活動の創造が行われなくなった（口述6-14）。

　　（口述6-14）M教諭：（「実働」の機能移行後）今まで委員さんとやっていたことを支援本部とやるのかなってずっと思ってたんです。ただ、それもない。今は教員が3つのグループに分かれているけど、実質（教員との共同の）活動はない。

　こうして、2009年のA校の学校運営協議会では、主に「ビジョンセッティングサポート」が行われている。学校支援機能が移された学校支援地域本部では、部会活動を教員と共に行うことで、新たな教育活動が生み出されるのではなく、主に「指導補助」や「引率補助」といった形で、既存の教育活動の範囲

内で、教員に対する支援が行われている。

第5節　A小学校のスクールヒストリーの分析と考察

　本研究の第3の研究課題は、「学校運営協議会の導入による学校教育の改善過程における、校長や教員、委員の認識や行為を解明すること」であった。そこで、以下、これまで記述してきたA校のスクールヒストリーの検討を通じて、学校運営協議会の導入による学校教育の改善過程を考察するとともに、その改善過程における校長や教員、委員の認識や行為を解明する。

　A校では、地域運営学校になる4年前に、E元校長が着任した。E元校長は、V市に学校選択制が導入されたため、A校を保護者から選ばれる学校に変えていく必要があると考えていた（口述6-3）。こうしたE元校長の学校改革への意志は、都道府県教育委員会による教育改革や、学習指導要領改訂による生活科の導入、A校教員の教材開発と相まって、近隣の学校との連携による新たな教育活動を生み出したと考えられる（口述6-2）。

　E元校長は、近隣の学校との連携による新たな教育活動を創造する一方で、学校評議員であるC会長の問いかけを契機として、規律を守ることを徹底させる学校経営を行った。具体的には、E元校長は、学校評議員制度を、学校評議員が学校経営に対して「第三者評価」を行う制度であると意味づけていた（口述6-3）。そのように意味づけられた結果、E元校長は、「第三者評価」を行う人材であるC会長を学校評議員に求めたと考えられる。そして、C会長は、E元校長に「結局、何を目標にするのか」と問いかけた。この問いかけの結果、E元校長は、A校のなすべきことを、「結局、子どもたちに毎日学校が安全で、来たら何か学べて、この学校に一日いたら、何か力がついたと言えるようなものをすればいい」と定義するに至った（口述6-4）。こうして、E元校長は、C会長の問いかけを契機として、規律を守ることを徹底させる学校経営を行ったと考えられる。

　E元校長が、近隣の学校との連携による新たな教育活動を創造しつつ、規律

を守ることを徹底させる学校経営を行った結果、A校へ転入を希望する子どもが増加する成果が見られた。しかし、E元校長は、2005年度の退職が確定していた。そこで、E元校長は、A校で行われてきた近隣の学校との連携授業や、「規律を守る」ことを継続させるために、学校経営の「お目付役」としての役割を期待して、学校運営協議会の設置を要望したと考えられる（口述6-5）。

その結果、E元校長の要望通り、2005年、A校に学校運営協議会が設置された。E元校長が、学校運営協議会の役割を学校経営の「お目付役」と意味づけたため、A校では、C会長が学校運営協議会運営を主導するに至ったと考えられる。当初、C会長は、教員と委員を連携させることを課題だと認識していた（資料6-1）。A校の学校運営協議会では、学校運営協議会運営のイニシアチブを有するC会長やD職務代理が、教員と委員の間の信頼関係を構築するために、言い換えれば、委員が学校経営に関わることのできる環境を整えるために、学校運営協議会において「実働」を重視した活動を展開していった（資料6-2）。その結果、「学校教育の側面支援的な事業」としての新たな教育活動が生み出されるとともに、C会長やD職務代理の意図通り、教員と委員の間には信頼関係が生まれていった（口述6-8）。

A校では、教員と委員との信頼関係が構築されてきた結果、2007年に、学校支援地域本部の設立を契機として、学校運営協議会の活動の重点が、「ビジョンセッティングサポート」に置かれることになった（資料6-3）。A校で、この動きが起きた他の要因としては、C会長が、2006年に異動してきたF元校長の学校経営上のリーダーシップ向上の必要性を認識したことが挙げられる（口述6-9）。だが、口述6-9や口述6-10から、F元校長は、こうした「ビジョンセッティングサポート」を消極的に捉えていたことがわかる。このことから、A校では、学校運営協議会における「ビジョンセッティングサポート」をうまく生かした学校経営が展開されなかったことが推察される（口述6-2）。

一方、学校運営協議会の活動の重点が、「ビジョンセッティングサポート」に置かれたことを契機に、教員の学校運営協議会への出席に関して「当番制」が採用された。この動きの背景には、教員の負担を軽減させる意図があった

（口述6-11）。しかし、「当番制」は教員の負担を軽減させた一方で、教員と学校運営協議会委員間のネットワークの弱化をもたらした（口述6-12）。その結果、「当番制」前に比べて、学校運営協議会に関連した教育活動が実施されなくなった（口述6-13）。また、学校運営協議会から「実働」機能が移された学校支援地域本部では、移行前に行われていた教員と学校支援地域本部員による新たな教育活動の創造は行われなくなった（口述6-14）。

　こうして、①学校運営協議会における「ビジョンセッティングサポート」をうまく生かした学校経営が展開されなかったこと、および②教員と学校運営協議会委員間のネットワークが弱化した結果、新たな教育活動が生み出されにくくなったことによって、A校では、学校運営協議会が導入されたことによる学校教育の改善が、教員によって感じられにくくなったと考えられる（表6-2、口述6-2）。

　以上のことから、研究課題5に関して、次の3点を指摘できる。

　第1に、A校では、第1の理論、「自律的学校経営の仕組み、すなわち学校への権限の委譲と、学校経営参加機関による校長と教員に対するアカウンタビリティの追求が、新たな教育活動の創造を起こしている」過程は、直接には見られない。ただし、A校の学校運営協議会では、B校と同様に、常に、校長と教員に対して間接的にアカウンタビリティが追求されていたと考えられる。なぜなら、A校では、月に1度程度、学校運営協議会が開催されており、そこで、学校での出来事が報告され、「ビジョンセッティングサポート」の形で学校経営に関する議題について協議される中で、校長や教員に対して、常に、間接的にアカウンタビリティが追求され続けていたと考えられるからである。

　第2に、A校では、第2の理論「学校経営参加機関における『公的討議』や『学校の定義』の問い直しが、新たな教育活動の創造を起こしている」に近い過程が見られる。A校では、学校評議員であるC会長が、E元校長に学校の定義を問い直させるような質問を行ったことによって、E元校長は、学校の定義を自省し、学校の定義を明確にするに至った。そのため、A校では、規律を守ることを徹底させるという新たな教育活動が生み出された（第3節（2））。ただし、学校運営協議会における学校の定義の問い直しは、新たな教育活動を

生み出さないこともある。A校の学校運営協議会において「ビジョンセッティングサポート」が行われたことは、そこで「学校の定義」が問い直されたことを意味していると解釈できる。しかし、A校では、「ビジョンセッティングサポート」という「学校の定義」の問い直しを、うまく生かした学校経営が展開されなかったことが推察される。その結果、A校では、学校運営協議会の導入によって、新たな教育活動が生み出されにくくなったと考えられる。

　第3に、A校では、第3の理論「学校経営参加機関に関する活動を通じた保護者と教員とのネットワークや信頼、互酬的関係の形成、すなわちソーシャルキャピタルの蓄積が、学校教育の改善に影響を与える」に近い過程が見られる。A校における学校運営協議会委員と教員による共同の教育活動の実施は、委員や地域住民と教員間のネットワークや信頼、互酬的関係を形成していた（口述6-8）。よって、A校では、委員や地域住民と教員間のソーシャルキャピタルが蓄積された結果、「図書部会」や「挨拶部会」などにおいて、新たな教育活動が創造されたと考えられる。

　ただし、A校では、学校運営協議会や学校評議員が導入されていなくても、近隣の学校とのネットワーク形成によって、新たな教育活動が生み出されていた。E元校長は、学校評議員が導入される以前に、学校選択制や、都道府県教育委員会による教育改革、学習指導要領改訂による生活科の導入、A校教員の教材開発を背景に、近隣の学校と連携することで、新たな教育活動を創造していた（第3節（1））。

　以上のことから、新たな教育活動の創造は、学校運営協議会制度特有の機能ではなく、運営の仕方次第によっては、学校評議員制度の機能でもありうるし、学校運営協議会や学校評議員が導入されていなくても、生じうる現象であると考えられる。

注
1）　G校長に対する聞き取り調査も実施されたが、G校長がA校の校長に就任した直後でのインタビューだったこともあり、そのデータを分析した結果、本研究の結論に変更を迫る口述ではないと判断した。F元校長に対する聞き取り調査は、依頼することが困難である

と判断したため、実施することはできなかった。

　また、本研究では、C会長をはじめ、学校運営協議会委員に対する聞き取り調査を行ってはいない。その理由としては、次の2点が挙げられる。第1に、委員は月に1度程度しか来校せず、筆者と委員との信頼関係の形成が困難であったため、聞き取り調査の依頼をすることができなかったからである。第2に、委員による学校や学校運営協議会、およびそれらの歴史に対する認識は、学校運営協議会での会話を記録することで把握が可能だと考えられたため、必ずしも委員から個別に聞き取り調査を行う必要はないと判断したからである。だが、本研究と同様の調査を実施する場合、可能な限り、関係者の口述を得ることが望ましい。これらの点は、今後の課題としたい。

2)　2009年4月のA校学校運営協議会でのC会長の口述。
3)　2009年7月のA校学校運営協議会でのC会長の口述。

第7章

学校運営協議会の導入による
学校教育の改善過程の比較分析

第1節　目的と方法

　本研究の第4の研究課題は、「ある学校の学校運営協議会の導入による学校教育の改善の程度と、別な学校のそれの程度を分ける重要な要因を解明すること」であった。そこで、本章では、B校とA校のスクールヒストリーを比較することを通して、B校の学校運営協議会の導入による学校教育の改善の程度と、A校のそれの程度を分けた重要な要因を明らかにすることを目的とする。

　第2節では、B校とA校のスクールヒストリーの共通点を分析する。第3節では、B校とA校の差異点を分析する。第4節では、第2節と第3節での分析を踏まえて、B校の学校運営協議会の導入による学校教育の改善の程度と、A校のそれの程度を分けた重要な要因を考察する。

第2節　B校とA校のスクールヒストリーの共通点

　B校とA校のスクールヒストリーの共通点として、次の7点が挙げられる。

　第1に、それぞれの学校を管轄する市区町村教育委員会が同じである。両校とも、V市教育委員会の管轄下にあった。したがって、学校運営協議会や学校評議員、その他の行政施策が両校に与える影響は、ほぼ同様だと考えられる。

　第2に、地理的条件および児童の社会経済的背景が似ていることである。B

校の学区とA校の学区は、隣接している。また、両校における約1年ごとのフィールドワークの結果、両校の児童や保護者の社会経済的背景の差はほとんどないと考えられた。

第3に、学校運営協議会の導入時期、委員構成および開催頻度が同じである。両校の学校運営協議会は、ともに2005年4月に導入されている。2005年4月時点で、学校運営協議会が導入されていた小学校は、両校を含め、全国でわずか10校であった。よって、両校は、先進的な事例であると言える。委員構成は、両校とも、2009年度では、学識経験者である会長、校長、学識経験者2名、地域住民7名、保護者1名であった。学校運営協議会は、両校とも、月に1度程度開催されていた。

第4に、学校運営協議会が設置された当初、両校の教員は、学校運営協議会が導入されることに不安を感じていた（口述5-1、口述6-6）が、教員と学校運営協議会委員が共同の教育活動を実施することで、互いが信頼しあうようになり、教員と委員間のネットワークが形成されていったことが共通している（口述5-4、口述5-5、口述6-7）。

第5に、学校運営協議会の役割が、教員と委員が共同で教育活動を行うことだと意味づけられた場合、委員や地域住民、保護者を巻き込んだ教育活動の創造と、委員や地域住民、保護者と教員間のネットワーク形成との間に好ましい循環が生じることが共通している。

B校では、学校運営協議会は、「教員と地域住民・保護者との連携と協働」（資料5-1）を促す組織と意味づけられた。その結果、B校では、教員と委員は、共同の活動を行うことを通して、教員と委員間のネットワークを形成していった（口述5-6）。また、その結果、B校では、新たな教育活動が創造された（口述5-8、口述5-9）。

A校では、学校運営協議会において教員と委員による共同の教育活動が行われることは、委員が学校経営に関与する環境を整える手段だと意味づけられていた（資料6-2）。だが、このことは、たとえ、委員が学校経営に関与する環境を整える手段であったとしても、A校の学校運営協議会の役割が、教員と委員が共同で教育活動を行うことだと意味づけられていたことを示して

いる。また、A校では、教員と委員による共同活動の実施を通して、教員と委員間のネットワークが形成されていった（口述6-8）。その結果、A校では、「図書部会」や「挨拶部会」などにおいて、新たな教育活動が創造された。

　第6に、学校運営協議会委員が教員に対して支援的であることが共通している。B校では、当初、教員と委員間に意味づけをめぐるコンフリクトが発生したが、委員が教員との共同の活動を通して、教員との関わりを深めていったことなどによって、コンフリクトは解消された（口述5-4）。これ以降、B校では、学校運営協議会委員は、教員に対して支援的に関わっている（資料5-1）。A校では、学校運営協議会が導入された当初から、学校運営協議会委員は、教員に対して、支援的に関わっていた（口述6-6）。

　第7に、教員の主体的な行為が、教員と委員間のネットワークや信頼の形成に寄与していることが共通している。B校では、T教諭が、教員と委員、地域住民、保護者と連携した教育活動を率先して主導した。このことによって、B校において、教員と委員、地域住民、保護者と連携した教育活動が盛んに行われるようになった。また、このような地域連携活動は、教員と委員間に発生したコンフリクトを解消する上で、重要な役割を果たした（口述5-5）。A校では、I教務主任が、委員と教員との信頼関係を構築するために「ポスターセッション」を提案した。「ポスターセッション」は教員と委員が互いの信頼関係を構築するにあたり、重要な役割を果たした（口述6-7）。

第3節　B校とA校のスクールヒストリーの差異点

　B校とA校のスクールヒストリーの差異点として、次の7点が挙げられる。
　まず、第1に、学校運営協議会の導入による学校教育の改善の程度が異なっている。B校では、学校運営協議会の導入によって、地域住民・保護者と教員間のネットワークや信頼、互酬的関係の形成が促され、地域住民と保護者を巻き込んだ教育活動が生み出されていったことを通じて、児童の学習の質的改善が起こった、すなわち、B校は、学校教育が改善された事例であると位置づけ

られる（表5-2、表5-3、口述5-1）。一方、A校は、B校に比べ、学校運営協議会の導入によって、地域住民・保護者と教員間のネットワークや信頼、互酬的関係が特に形成されず、地域住民と保護者を巻き込んだ教育活動が特に生み出されなかったために、学校教育が改善されなかった事例であると位置づけられる（表6-2、口述6-1）。

　第2に、学校運営協議会を導入する際の、校長の課題認識が異なっている。B校では、学校運営協議会が導入される以前に、教員の閉鎖性や児童の状態、学校環境に解決すべき課題があったとP校長によって認識されていた（口述5-2）。このような校長による課題認識があったために、後に、P校長が学校運営協議会の運営を主導し、学校運営協議会の役割を意味づけることで、認識された課題の解決が図られるようになったと考えられる（資料5-1）。一方、A校では、学校運営協議会が導入される際に、E元校長は、A校で行われてきた近隣の学校との連携授業や「規律を守る」ことを継続させることが課題であると認識していた（口述6-5）。そのため、E元校長は、学校運営協議会の「お目付役」の機能に期待した（口述6-5）。換言すれば、E元校長は、学校運営協議会が、A校の学校経営を監視することを期待していたのである。学校運営協議会の役割が、A校の学校経営を監視することであると意味づけられたために、後に学校運営協議会会長が学校運営協議会の運営を主導することになったと考えられる。

　第3に、学校運営協議会運営のイニシアチブの所在が異なっている。B校では、P校長が学校運営協議会の運営を主導した。その結果、B校では、P校長が学校運営協議会の役割を「教員と地域住民・保護者との連携と協働」と意味づけることになったと考えられる（資料5-1）。一方、A校では、C会長を中心とした委員が学校運営協議会の運営を主導した。その結果、A校では、C会長によって、学校運営協議会の「本来の役割」は、「A小学校の経営に対して諮問機関のような形で学校経営者に意見を述べる」ことであると意味づけられた（資料6-3）。さらに、A校では、D職務代理によって、学校運営協議会において「学校教育の側面支援的な事業に取り組むこと」は、「学校運営についての『責任』と『権限』を共有するための基盤と信頼関係を構築すること」の

手段であると意味づけられた（資料6-2）。

第4に、学校運営協議会の役割へ付与された意味が異なっている。B校では、P校長が、学校運営協議会の役割を「教員と地域住民・保護者との連携と協働」と意味づけた。その結果、B校では、B校ルールブックの作成（口述5-8）をはじめとする地域住民や保護者を巻き込んだ教育活動が創造されるようになった（表5-3）。

一方、A校では、委員によって、学校運営協議会の「本来の役割」は、「A小学校の経営に対して諮問機関のような形で学校経営者に意見を述べる」ことであると意味づけられ、また、学校運営協議会において「学校教育の側面支援的な事業に取り組むこと」は、「学校運営についての『責任』と『権限』を共有するための基盤と信頼関係を構築すること」の手段であると意味づけられた（資料6-2、資料6-3）。その結果、A校では、委員の意図通り、「学校運営についての『責任』と『権限』を共有するための基盤と信頼関係」が構築された（口述6-8）。その結果、A校の学校運営協議会では、2007年の秋以降、学校支援地域本部設立を機に、「本来の役割」とされた「ビジョンセッティングサポート」に活動の重点が置かれることになった（資料6-3）。

第5に、学校運営協議会における活動が異なっている。B校では、B校ルールブックの作成（口述5-8）をはじめとする地域住民や保護者を巻き込んだ教育活動が創造されるようになった（表5-3）。こうした地域住民や保護者を巻き込んだ教育活動の創造が、児童の学習活動の質を改善させたと考えられる（表5-2、口述5-1）。すなわち、こうして、B校では、学校運営協議会の導入による学校教育の改善が起こっていたと考えられる。

一方、A校では、「学校教育の側面支援的な事業」が行われていたが、教員と委員の信頼関係が構築されると、「ビジョンセッティングサポート」に活動の重点が置かれることになった（資料6-3）。しかし、A校では、学校運営協議会における「ビジョンセッティングサポート」をうまく生かした学校経営が展開されなかったことが推察される（口述6-2）。したがって、A校では、学校運営協議会の導入による学校教育の改善が起こりにくかったと考えられる。

第6に、異動の有無が異なっている。B校では、P校長は、2004年4月に

着任し、2010年3月に異動している。つまり、B校についてのデータ分析の対象期間（学校運営協議会導入時、2005年4月〜2009年3月）中、一度も校長が異動していない。一方、A校では、E元校長は、2001年4月に着任し、2006年3月に異動している。F元校長は、2006年4月に着任し、2009年3月に異動している。2006年3月には、教頭も異動している。つまり、A校についてのデータ分析の対象期間（2001年4月〜2010年3月）の間に、2度、校長が異動している。

第7に、学校運営協議会が導入されたことによる教育課程の変更の有無が異なっている。B校では、「地域の教材化」と呼ばれる教育課程の変更が、地域住民と保護者を巻き込んだ新たな教育活動の創造を促していたと考えられる（口述5-7）。一方、A校では、学校運営協議会が導入されたことに伴って、教育課程に変更が加えられてはいないと推測される。少なくとも、得られたデータからは、学校運営協議会が導入されたことに伴って、教育課程に変更が加えられた証拠は見つかっていない。

第4節　考　　察

本節では、第2節と第3節での分析を踏まえて、B校の学校運営協議会の導入による学校教育の改善の程度と、A校のそれの程度を分けた重要な要因を考察する。まず、7つの共通点については、両校に共通して見られる要因であるため、学校運営協議会の導入による学校教育の改善の程度に関する両校の差を生み出した重要な要因ではないと考えられる。

したがって、両校のスクールヒストリーの7つの差異点が、学校運営協議会の導入による学校教育の改善の程度に関する両校の差を生み出した要因であることが推察される。これらの7つの差異点の相互関係を考察すると、B校の学校運営協議会の導入による学校教育の改善の程度と、A校のそれの程度を分けた重要な要因は、次の2点であると考えられる。

第1の重要な要因は、学校運営協議会の歴史の初期の段階での校長による課

第7章　学校運営協議会の導入による学校教育の改善過程の比較分析　*137*

題認識と学校運営協議会の役割への意味付与である。この点の違いが、最終的には、学校運営協議会の導入による学校教育の改善の程度の違いを生み出していると考えられる。B校とA校のスクールヒストリーを比較すると、学校運営協議会を導入する際の、P校長とE元校長の課題認識が異なっていた。そして、それぞれの校長の課題認識に対応して、学校運営協議会の役割がそれぞれ意味づけられていた。また、このような学校運営協議会の役割への意味づけの違いが、学校運営協議会運営のイニシアチブや、学校運営協議会の活動、さらには、学校運営協議会の導入による学校教育の改善の程度の違いを生み出していたと考えられる。

　第2の重要な要因は、学校運営協議会導入後における校長の異動の有無である。この点の違いが、校長の学校経営に合わせて、学校運営協議会の役割を意味づけることができるか否かに影響を与えている。また、そのように学校運営協議会の役割を意味づけることができるか否かが、校長の学校経営と学校運営協議会の活動との接続の程度に影響を与えている。さらに、その接続の程度が、学校運営協議会の導入による学校教育の改善の程度の違いを生み出していると考えられる。

　B校では、学校運営協議会が導入されてから、P校長は異動していない。そのため、P校長は、着任時に認識した課題を解決するために、学校運営協議会の役割を主体的に意味づけることが可能であったと思われる。そうすることで、P校長は、学校運営協議会をうまく生かした学校経営を展開することができたと考えられる。B校において、学校運営協議会の導入に伴って教育課程が変更されたのも、学校運営協議会の導入をうまく生かした学校経営の一環であったと言うことができよう。こうして、B校では、校長の学校経営と学校運営協議会の活動がうまく接続されたために、学校運営協議会の導入による学校教育の改善が起こっていったと考えられる。

　一方、A校では、学校評議員が導入されてから、学校運営協議会が導入されるまで、E元校長は異動していない。そのため、E元校長は、2001年に新しく導入された学校評議員制度について、学校評議員が学校経営に対して「第三者評価」を行う制度であると主体的に意味づけることが可能であったと思わ

れる。E元校長が学校評議員制度をそのように意味づけた結果、学校評議員で
あるC会長が、E元校長に学校の定義を問い直させるような質問を行った時
に、E元校長は、そのような質問に対して学校の定義を積極的に自省し、学校
の定義を明確にするに至ったと考えられる。その結果、A校では、規律を守
ることを徹底させるという新たな教育活動が生み出された。このように、E元
校長は、学校評議員制度を運用するにあたり、異動しなかったために、学校
評議員をうまく生かした学校経営を展開することができていた。こうして、A
校でも、E元校長の学校経営と学校評議員の活動がうまく接続されたために、
新たな教育活動の創造が起こっていったと考えられる。

　他方、A校では、学校運営協議会が導入されてから1年後の2006年に、E
元校長が異動して、F元校長が着任した。A校では、F元校長の着任時に、す
でに、委員によって、学校運営協議会の「本来の役割」は、「A小学校の経営
に対して諮問機関のような形で学校経営者に意見を述べる」ことであると意味
づけられ、また、学校運営協議会において「学校教育の側面支援的な事業に取
り組むこと」は、「学校運営についての『責任』と『権限』を共有するための
基盤と信頼関係を構築すること」の手段であると意味づけられていた。このよ
うに意味づけられたために、A校の学校運営協議会では、実際に、「ビジョン
セッティングサポート」活動が行われるようになったと考えられる。F元校長
が、この「ビジョンセッティングサポート」を消極的に捉えていたにもかかわ
らず、「ビジョンセッティングサポート」が2009年度にも継続して実施され
ていたことから、新たに着任したF元校長が、自分が理想とする学校経営を
実施するために、新たに学校運営協議会の役割を主体的に意味づけることは困
難であったことが推察される[1]。それゆえに、A校では、学校運営協議会をう
まく生かした学校経営が展開されなかったように思われる。こうして、A校
では、F元校長の学校経営と学校運営協議会の活動がうまく接続されなかった
ために、学校教育の改善が起こりにくかったと考えられる。

注

1) E元校長はインタビューにおいて、「彼（F元校長）は運営協議会ができあがって発表した3月に来ている。そして、こないだお話しした連携から融合へって発表をしたときもこの人がきていて、この発表すごいって言ったんですよ。だからその発表もみている。……で、そのときに、僕そういう学校をやってみたいなって言ったんですよ」と語っている。しかし、実際には、2009年の学校運営協議会において、A校では、学校運営協議会の役割を、地域連携を促進すること、と意味づけられてはいなかった。このことからも、F元校長が、実際にA校に着任した後に、自分が理想とする学校経営を実施するために、新たに学校運営協議会の役割を主体的に意味づけることは困難であったことが推察される。

終　章

本研究の結論と今後の課題

　本研究では、学校運営協議会の導入によって、学校教育の改善を起こすことが重要であるとの問題意識から、学校運営協議会の導入による学校教育の改善過程について分析を行ってきた。本章では、本研究が明らかにしてきた結果について整理した上で、考察を加える。

第1節　各章の分析結果

　序章では、本研究の目的は、学校運営協議会の導入による学校教育の改善過程を明らかにすることであることを確認した。

　第1章では、学校運営協議会を含んだ学校経営参加機関の先行研究を検討した。その上で、先行研究の成果と問題点を指摘した。学校経営参加機関と学校教育の改善に関する先行研究の成果として、次の3点を指摘した。

　第1に、学校運営協議会においては、法律で明記されている学校の運営方針に対する承認や、人事についての意見があまり活発に行われておらず、「児童生徒の学習の質的改善」や「学校地域間の連携」に関わる事項といった、法律で明記されていない領域が、よく議題になっていることが明らかにされている。

　第2に、学校経営参加機関が設置されたすべての学校において、それの設置が学校教育の改善に影響を与えているわけではないものの、ある特定の状況下では、学校経営参加機関の設置が、学校教育の改善に影響を及ぼすことが解

明されている。

　第3に、学校運営協議会を含めた学校経営参加機関が、学校教育の改善に影響を与える過程に関して、次の3つの理論が主張されている。

　第1の理論は、自律的学校経営の仕組み、すなわち学校への権限の委譲と、学校経営参加機関による校長と教員に対するアカウンタビリティの追求が、新たな教育活動の創造を起こしている、である。

　第2の理論は、学校経営参加機関における「公的討議」や「学校の定義」の問い直しが、新たな教育活動の創造を起こしている、である。

　第3の理論は、学校経営参加機関に関する活動を通じた保護者と教員間のネットワークや信頼、互酬的関係、すなわちソーシャルキャピタルの蓄積が、学校教育の改善に影響を与えている、である。

　また、学校経営参加機関と学校教育の改善に関する先行研究の問題点として、次の4点を指摘した。

　第1の問題点は、学校運営協議会に関する量的調査研究では、学校運営協議会における活動や、その成果について、校長の認識は解明されているものの、教員や委員の認識は解明されていない、ということであった。

　第2の問題点は、学校運営協議会に関する量的調査研究では、学校運営協議会において、どのような活動が、どのような成果認識に影響を与えるのかが解明されていない、ということであった。

　第3の問題点は、学校運営協議会に関する研究においても、英語圏における学校経営参加機関と学校教育の改善に関する研究においても、学校運営協議会や学校経営参加機関が導入されてから、学校教育が改善されるに至るまでの過程に関する教員や委員の認識や行為といった組織過程についての知見が、管見の限り十分に蓄積されていない、ということであった。

　第4の問題点は、日本の学校運営協議会において、学校経営参加機関が学校教育の改善に影響を与える過程に関する3つの理論がどのように当てはまるのか、または、これまで発見されていない過程が見られるのかについて十分に実証研究が蓄積されていない、ということであった。

　第1章では、本研究の課題、および本研究で用いる方法について検討した。

また、本研究の調査プロセスを示し、研究方法論上の位置づけを考察した。

研究課題として、次の5点を設定した。

第1の研究課題は、「学校運営協議会における活動や、その成果に関する教員や委員の認識を解明すること」であった（第3章）。そこで、全国の地域運営学校の小学校に所属する教員、および学校運営協議会委員に対して、学校運営協議会における活動や、その成果に関する質問紙調査を実施し、その単純集計を検討した。

第2の研究課題は、「学校運営協議会において、どのような活動が、どのような成果認識に影響を与えるのかを解明すること」であった（第4章）。そこで、第3章で実施した質問紙調査のデータを用いて、学校運営協議会の活動に関する認識を説明変数、地域運営学校の成果認識を被説明変数とする重回帰分析を実施した。

第3の研究課題は、「学校運営協議会の導入による学校教育の改善過程における、校長や教員、委員の認識や行為を解明すること」であった（第5、第6章）。そこで、2つの小学校において、参与観察、聞き取り調査、資料収集を行った。

第4の研究課題は、「ある学校の学校運営協議会の導入による学校教育の改善の程度と、別な学校のそれの程度を分ける重要な要因を解明すること」であった（第7章）。この研究課題は、第5章および第6章で記述、説明された2つの小学校のスクールヒストリーを比較分析することを通して検討された。

第5の研究課題は、「日本の学校運営協議会において、学校経営参加機関が学校教育の改善に影響を与える過程に関する3つの理論がどのように当てはまるのかを解明すること」であった（第3、第4、第5、第6章）。この研究課題は、上記の量的、質的調査から得られた結果から考察された。

本研究では、筆者は、構成主義の立場にたち、質的調査を中心に研究を進めてきたが、実用主義の観点から、質的調査による帰納的アプローチと量的調査による演繹的アプローチを併用した方が、研究課題をよりよく解明することや、実践的に有用な知見を得ることが可能になると考え、量的調査も実施することにした。また、本研究は、フィールドワーク、聞き取り調査、資料収集といっ

た質的調査とともに、質問紙調査といった量的調査を併用し、かつ、質的データ分析と量的データ分析を併用している点で、混合研究法を採用していたと言える。さらに、本研究では、混合研究法の中でも、研究デザインとしては、トライアンギュレーションにあたるデザインが採用されていることを述べた。

こうした研究の目的、先行研究の検討、および研究方法の検討を踏まえ、研究課題に迫ったのが、第3章から第7章である。第3章と第4章では、質問紙調査から得られた量的データの分析を行い、第5章と第6章、第7章では、事例研究から得られた質的データの分析を行った。

第3章では、地域運営学校に所属する教員に対する質問紙調査と、学校運営協議会委員に対する質問紙調査、および先行研究で実施された校長に対する質問紙調査の単純集計結果から、学校運営協議会の活動と地域運営学校の成果認識を明らかにすることを目的とした。その結果、学校運営協議会の活動については次の3点が明らかになった。

第1に、学校運営協議会においては、「地域人材の活用」や「学校行事」といった学校と家庭、地域を結びつけるような教育活動の支援について、最もよく協議されている。また、学校運営協議会委員は、学校運営協議会において協議するのみならず、自らが積極的に教育活動を支援する活動に従事していた。さらに、研究課題5に関わって言えば、学校運営協議会において、地域住民や保護者と教員間のネットワークの形成に関わる活動が、実際には多く行われていると考えられた。

第2に、学校運営協議会においては、「学校評価」や「学校経営方針」といった学校経営の方向性に関わる事項についても、比較的よく協議されている。よって、研究課題5に関わって言えば、校長や教員に対するアカウンタビリティの追求や、学校の定義の問い直しも、学校運営協議会において、少なからず行われていると考えられた。

第3に、学校運営協議会においては、「授業改善」や「教育課程」「学校予算」「教員評価」「教員の任用」といった学校経営の個別領域については、比較的協議されていない。

また、地域運営学校の成果認識については、次の6点が明らかになった。

第1に、「地域が学校に協力的になった」「地域が学校を信頼するようになった」といった項目に関する成果認識が高いことから、教員と地域住民間のネットワークや信頼、互酬的関係が、比較的多数の学校で形成されていると考えられる。

第2に、「特色ある学校づくりが進んだ」「学校が活性化した」といった項目に関する成果認識も高いことから、比較的多くの学校で、学校が地域の独自性に応じて多様化されたり、学校が活性化したりしている。

第3に、「保護者が学校に協力的になった」「保護者が学校を信頼するようになった」という項目を肯定する校長や教員、委員が6割ほどいることから、研究課題5に関わって言えば、学校運営協議会が導入されたことによって、教員と保護者間のネットワークや信頼、互酬的関係も、比較的多数の学校で形成されていると考えられる。ただし、学校と地域間のネットワークや信頼、互酬的関係の形成に比べれば、学校と家庭間のネットワークや信頼、互酬的関係は、あまり形成されてはいない。

第4に、「児童の学習意欲が高まった」という項目を肯定する校長や教員、委員が5割ほどであることから、児童の学力向上に関する地域運営学校の成果認識はあまり高くないと言える。研究課題5に関わって言えば、学校運営協議会が導入されたことによって、「学校教育の改善」が起こった学校は、多くはないことが推察される。

第5に、「児童が他の児童を大切にするようになった」や、「いじめ問題が解決した」といった項目を肯定する教員や委員が4割以下であることから、生活指導上の問題解決に関する項目の成果認識が低いと言える。研究課題5に関わって言えば、学校運営協議会が導入されたことによって、「学校教育の改善」が起こった学校は、やはり多くはないことが推察される。

第6に、「先生ご自身の仕事の負担が軽減した」のような教員の負担軽減に関する項目を肯定する教員がほとんどいないことから、学校運営協議会が導入されたことによって、教員の負担が増大している可能性を指摘できる。学校運営協議会が導入されたことによって、教員の負担が増大しているとするならば、学校運営協議会の導入によって「学校教育の改善」が起こっていない学校

では、学校運営協議会の導入によって、児童の学習活動の質が低下している可能性もあると考えられる。

なお、研究課題１に関して言えば、学校運営協議会の活動内容や、地域運営学校の成果について、校長と教員、委員の間に、大きな認識の相違がないことが明らかになった。

第４章では、地域運営学校に所属する教員に対する質問紙調査と、学校運営協議会委員に対する質問紙調査の因子分析や相関、重回帰分析から、学校運営協議会における活動が地域運営学校の成果認識に与える影響を明らかにすることを目的とした。その結果、研究課題２について、次の３点が明らかとなった。

第１に、学校運営協議会において、学校経営の方向性に関わる事項が協議されることは、「児童の学力向上」や「生活指導上の問題解決」の領域に関する「学校教育の改善」に影響を与えているとは言えないが、教員による教育活動の創造に関する「学校教育の改善」に影響を与えている可能性がある。

第２に、地域運営学校において、学校と家庭、地域を結びつけるような教育活動の支援が行われることは、学校と家庭間のネットワークや信頼、互酬的関係の形成に影響を与えているとは言えないが、学校と地域間のネットワークや信頼、互酬的関係の形成に影響を与えていると言える。

第３に、地域運営学校において、学校と家庭、地域を結びつけるような教育活動の支援が行われることは、「教員による教育活動の創造」や、「生活指導上の問題解決」「児童の学力向上」、すなわち「学校教育の改善」に影響を与えている。

なお、これらの結果と、第５章、第６章、第７章の結果を併せて考えると、表4-4の結果に関して、次のように解釈できると考える。すなわち、表4-4の結果は、「学校と家庭、地域を結びつけるような教育活動の支援が行われることは、教員と地域住民間のネットワークや信頼、互酬的関係の形成に影響を与え、教員と地域住民のネットワークや信頼、互酬的関係の形成が、新たな教育活動の創造を促し、児童の学習活動の質的改善をもたらす」というように、成果認識間に段階があることを示していると考えられる。

また、研究課題５について、次の４点を指摘した。

第1に、学校運営協議会における校長と教員に対するアカウンタビリティの追求が、教員に新しい教育活動を創造させる動機を与えることを通して、新たな教育活動の創造が起こっている可能性がある。ただし、教員は、このようにして創造された教育活動が、「児童の学習活動の質的改善」をもたらすと認識しにくいことが推察される。

　第2に、学校運営協議会における「公的討議」や「学校の定義」の問い直しが、教員に新しい教育活動を創造させる契機となっている可能性がある。ただし、教員は、このようにして創造された教育活動が、「児童の学習活動の質的改善」をもたらすはと認識しにくいことが推察される。

　第3に、学校経営参加機関に関する活動を通じた地域住民と教員とのネットワークや信頼、互酬的関係の形成、すなわちソーシャルキャピタルの蓄積が、「教員による教育活動の創造」や、「生活指導上の問題解決」「児童の学力向上」、すなわち「学校教育の改善」に比較的強い影響を与えている。

　第4に、上記3つの学校運営協議会における学校教育の改善過程は、それぞれ完全に独立した過程なのではなく、同時に起こりうる過程である。

　第5章では、B校における事例研究によって、学校運営協議会の導入による学校教育の改善過程を解明することを目的とした。その結果、研究課題3に関して言えば、次のような教員や委員の認識や行為が明らかになった。

　B校では、校長が、学校の課題に応じて、学校運営協議会の役割を意味づけ、学校経営に利用することで、地域住民・保護者と教員間のネットワークや信頼、互酬的関係の形成を促し、地域住民や保護者を巻き込んだ教育活動を生み出すことを通して、学校教育の改善を起こしていることが明らかになった。それに加え、「地域の教材化」と呼ばれる教育課程の変更が、地域住民と保護者を巻き込んだ教育活動の創造を促していた。

　また、学校運営協議会という「場」と、そこで創造される地域住民や保護者を巻き込んだ教育活動が地域住民・保護者と教員間のネットワークや信頼、互酬的関係の形成を促していた。さらに地域住民・保護者と教員間のネットワークや信頼、互酬的関係の形成が、さらなる地域住民や保護者を巻き込んだ教育活動の創造を促していた。このような循環の中で、「新たな教育活動の創造」

による「児童の学習活動の質的改善」、すなわち「学校教育の改善」が起こっていったと考えられる。

　また、研究課題5について、次の2点を指摘した。

　第1に、B校では、第1の理論、「自律的学校経営の仕組み、すなわち学校への権限の委譲と、学校経営参加機関による校長と教員に対するアカウンタビリティの追求が、新たな教育活動の創造を起こしている」過程は、直接には見られない。ただし、B校の学校運営協議会では、常に、校長と教員に対して間接的にアカウンタビリティが追求されていたと考えられる。

　第2に、B校では、第3の理論「学校経営参加機関に関する活動を通じた保護者と教員とのネットワークや信頼、互酬的関係の形成、すなわちソーシャルキャピタルの蓄積が、学校教育の改善に影響を与える」に近い過程が見られる。

　第6章では、B校と隣接するA校における事例研究によって、学校運営協議会の導入による学校教育の改善過程を解明することを目的とした。その結果、研究課題3に関して、次のような教員や委員の認識や行為が明らかになった。

　A校では、E元校長が、学校運営協議会の役割を学校経営の「お目付役」と意味づけたことを背景に、学校運営協議会運営のイニシアチブを有するC会長やD職務代理が、教員と委員の間の信頼関係を構築するために、言い換えれば、委員が学校経営に関わることのできる環境を整えるために、学校運営協議会において「実働」を重視した活動を展開していった。

　そして、教員と委員との信頼関係が構築されてきた結果、学校支援地域本部の設立を契機として、学校運営協議会の活動の重点が、「ビジョンセッティングサポート」に置かれることになった。しかし、異動してきたF元校長は、こうした「ビジョンセッティングサポート」を消極的に捉えていた。そのため、A校では、学校運営協議会における「ビジョンセッティングサポート」をうまく生かした学校経営が展開されなかったことが推察される。

　一方、学校運営協議会の活動の重点が、「ビジョンセッティングサポート」に置かれたことを契機に、教員の学校運営協議会への出席に関して「当番制」が採用された。しかし、「当番制」は教員の負担を軽減させた一方で、教員と

学校運営協議会委員間のネットワークの弱化をもたらした。教員と学校運営協議会委員間のネットワークが弱化した結果、新たな教育活動が生み出されにくくなった。このようにして、A校では、学校運営協議会が導入されたことによる学校教育の改善が、教員によって認識されにくくなったと考えられる。

また、研究課題5に関して、次の3点を指摘した。

第1に、A校では、第1の理論、「自律的学校経営の仕組み、すなわち学校への権限の委譲と、学校経営参加機関による校長と教員に対するアカウンタビリティの追求が、新たな教育活動の創造を起こしている」過程は、直接には見られなかった。ただし、B校の学校運営協議会では、常に、校長と教員に対して間接的にアカウンタビリティが追求されていたと考えられる。

第2に、A校では、第2の理論「学校経営参加機関における『公的討議』や『学校の定義』の問い直しが、新たな教育活動の創造を起こしている」に近い過程が見られた。ただし、学校運営協議会における学校の定義の問い直しは、新たな教育活動を生み出さないこともある。

第3に、A校では、第3の理論「学校経営参加機関に関する活動を通じた保護者と教員とのネットワークや信頼、互酬的関係の形成、すなわちソーシャルキャピタルの蓄積が、学校教育の改善に影響を与える」に近い過程が見られた。ただし、A校では、学校運営協議会や学校評議員が導入されていなくても、近隣の学校とのネットワーク形成によって、新たな教育活動が生み出されていた。

第7章では、B校とA校のスクールヒストリーを比較し、その共通点と差異点を分析することを通じて、B校の学校運営協議会の導入による学校教育の改善の程度と、A校のそれの程度を分けた重要な要因を明らかにすることを目的とした。その結果、研究課題4に関して、次の2点が明らかになった。

第1に、学校運営協議会の歴史の初期の段階での校長による課題認識と学校運営協議会の役割への意味付与の違いが、最終的には、学校運営協議会の導入による学校教育の改善の程度の違いを生み出していたと考えられる。

第2に、学校運営協議会導入後における校長の異動の有無の違いが、最終的には、学校運営協議会の導入による学校教育の改善の程度の違いを生み出し

終　章　本研究の結論と今後の課題　*149*

ていたと考えられる。

第2節　総合的考察

　以上の分析結果を踏まえ、本節では、学校運営協議会の導入による学校教育
の改善過程について、総合的に考察を行う。（1）では、研究課題1、2、3、5
に関わって、日本の学校運営協議会において、学校経営参加機関が学校教育の
改善に影響を与える過程に関する3つの理論がどのように当てはまるのか、を
考察することを通して、学校運営協議会の導入による学校教育の改善過程の理
論を提示する。（2）では、研究課題3、4に関わって、学校運営協議会の導入
による学校教育の改善過程を組織の観点から考察する。

（1）　学校経営参加機関が学校教育の改善に影響を与える過程に関する3つ
の理論に関する考察

　本項では、研究課題1、2、3、5に関わって、日本の学校運営協議会におい
て、学校経営参加機関が学校教育の改善に影響を与える過程に関する3つの理
論がどのように当てはまるのかを考察することを通して、学校運営協議会の導
入による学校教育の改善過程の理論を提示する。

　第1章において、学校運営協議会を含めた学校経営参加機関が、学校教育
の改善に影響を与える過程に関して、次の3つの理論が主張されていることを
指摘した。すなわち、第1の理論は、自律的学校経営の仕組み、すなわち学
校への権限の委譲と、学校経営参加機関による校長と教員に対するアカウンタ
ビリティの追求が、新たな教育活動の創造を起こしている、というものであっ
た。第2の理論は、学校経営参加機関における「公的討議」や「学校の定義」
の問い直しが、新たな教育活動の創造を起こしている、というものであった。
第3の理論は、学校経営参加機関に関する活動を通じた保護者と教員間のネッ
トワークや信頼、互酬的関係、すなわちソーシャルキャピタルの蓄積が、学校
教育の改善に影響を与えている、というものであった。これらの理論は、それ

ぞれ、日本の学校運営協議会において、どのように当てはまるのだろうか。そして、日本の学校運営協議会の導入による学校教育の改善過程の理論をどのように提示できるのであろうか。

第1に、日本の学校運営協議会においては、第1の理論、「自律的学校経営の仕組み、すなわち学校への権限の委譲と、学校経営参加機関による校長と教員に対するアカウンタビリティの追求が、新たな教育活動の創造を起こしている」過程は、直接には見られなかった。ただし、学校運営協議会では、常に、校長と教員に対して間接的にアカウンタビリティが追求されていると考えられる。

第3章では、学校運営協議会において、学校経営の方向性に関わる事項について、比較的よく協議されていることが明らかになった。すなわち、日本の学校運営協議会において、校長と教員に対するアカウンタビリティが追求されている可能性がある。第4章での分析の結果は、このような学校経営の方向性に関わる協議が、「児童の学力向上」や「生活指導上の問題解決」に影響を与えてはいないが、「教員による教育活動の創造」に影響を与えていることを示唆している。すなわち、学校運営協議会における校長と教員に対するアカウンタビリティの追求が、教員に新しい教育活動を創造させる動機を与えることを通して、新たな教育活動の創造が起こっている可能性がある。ただし、教員は、このようにして創造された教育活動が、「児童の学習活動の質的改善」をもたらすとは認識しにくいことが推察される。

第5章と第6章での事例研究では、学校運営協議会において、校長と教員に対するアカウンタビリティが追求された結果、学校教育の改善が起こる過程は、直接には見られなかった。しかし、B校とA校の学校運営協議会においては、共通して、教員によって学校で起きた出来事が報告され、委員と教員によって、学校経営について議論が行われていた。この点において、両校の学校運営協議会では、常に、校長と教員に対して間接的にアカウンタビリティが追求されていたと解釈できる。両地域運営学校で起こった学校運営協議会の導入による学校教育の改善過程は、校長と教員に対して間接的にアカウンタビリティが追求される中で生じた事象であると考えられる。

これらのことから、日本の学校運営協議会では、校長と教員に対して間接的にアカウンタビリティが追求される中で「学校教育の改善」が起こっていると考えられる。

　第2に、日本の学校経営参加機関においては、第2の理論「学校経営参加機関における『公的討議』や『学校の定義』の問い直しが、新たな教育活動の創造を起こしている」に近い過程が見られた。ただし、日本の学校経営参加機関における「公的討議」や「学校の定義」の問い直しが、「学校教育の改善」に与える影響はあまり強くはないと考えられる。

　第3章では、学校運営協議会において、学校経営の方向性に関わる事項について、比較的よく協議されていることが明らかになった。すなわち、日本の学校運営協議会においても、「公的討議」や「学校の定義」の問い直しが行われている可能性がある。第4章での分析の結果は、このような学校経営の方向性に関わる協議が、「児童の学力向上」や「生活指導上の問題解決」に影響を与えてはいないが、「教員による教育活動の創造」に影響を与えている可能性を示唆している。すなわち、学校運営協議会における「公的討議」や「学校の定義」の問い直しが、教員に新しい教育活動を創造させる契機となっている可能性がある。ただし、教員は、このようにして創造された教育活動が、「児童の学習活動の質的改善」をもたらすとは認識しにくいことが推察される。

　第6章の事例研究では、A校において、第2の理論「学校経営参加機関における『公的討議』や『学校の定義』の問い直しが、新たな教育活動の創造を起こしている」に近い過程が見られた。A校では、学校評議員であるC会長が、E元校長に学校の定義を問い直させるような質問を行ったことによって、規律を守ることを徹底させるという新たな教育活動が生み出された。ただし、A校では、学校運営協議会における学校の定義の問い直しが、新たな教育活動を生み出していないことも観察された。

　これらのことから、日本の学校経営参加機関では、「公的討議」や「学校の定義」の問い直しが行われた結果、新たな教育活動が生み出されることがあると考えられる。ただし、日本の学校経営参加機関における「公的討議」や「学校の定義」の問い直しが、「学校教育の改善」に与える影響はあまり強くはな

いと考えられる。

　第3に、日本の学校経営参加機関においては、第3の理論「学校経営参加機関に関する活動を通じた保護者と教員とのネットワークや信頼、互酬的関係の形成、すなわちソーシャルキャピタルの蓄積が、学校教育の改善に影響を与える」に近い過程が見られた。第3章では、学校運営協議会において、学校と家庭、地域を結びつけるような教育活動の支援が、比較的よく行われていることが明らかになった。第4章での分析の結果は、このような学校と家庭、地域を結びつけるような「教育活動の支援」が、学校と地域間のネットワークや信頼、互酬的関係の形成、および「教員による教育活動の創造」や「児童の学習活動の質的向上」、すなわち「学校教育の改善」に影響を与えている可能性を示唆している。さらに、第5章と第6章での事例研究では、学校運営協議会に関する活動による教員と地域住民、保護者間のネットワークや信頼、互酬的関係の形成、すなわちソーシャルキャピタルが蓄積された結果、「学校教育の改善」が起こる過程が見られた。

　以上の考察を踏まえ、学校運営協議会の導入による学校教育の改善過程の理論を仮説的に提示する。

　学校運営協議会の導入による学校教育の改善過程は、校長と教員に対して間接的にアカウンタビリティが追求される中で生じる。学校運営協議会においては、校長と教員に対する間接的なアカウンタビリティの追求が行われる中で、認識された学校課題に応じて、学校の定義が問い直されたり、教員と地域住民間のネットワークや信頼、互酬的関係の形成、すなわちソーシャルキャピタルが蓄積されたりした結果、「学校教育の改善」が起こる。

　校長と教員に対するアカウンタビリティの追求や、校長による学校の定義の問い直し、教員と地域住民間のソーシャルキャピタルの蓄積は、いずれも「学校教育の改善」に影響を与えると考えられる。ただし、学校運営協議会の導入による「学校教育の改善」に最も大きな影響を与えるのは、教員と地域住民間のソーシャルキャピタルの蓄積である。

（2）　学校運営協議会の導入による学校教育の改善過程に関する組織論的考察

　本項では、研究課題3、4に関わって、学校運営協議会の導入による学校教育の改善過程について組織の観点から考察する。組織の観点からは、次の3点を指摘できると考える。

　第1に、学校運営協議会の導入による学校教育の改善過程においては、学校運営協議会の役割が、教員と委員が共同で教育活動を行うことだと意味づけられた場合、委員や地域住民、保護者を巻き込んだ教育活動の創造と、委員や地域住民、保護者と教員間のネットワークや信頼、互酬的関係の形成との間に好ましい循環が生じる。このことは、第7章で示したように、B校とA校のスクールヒストリーにおいて、このような循環が共通して見られることから言える。

　第2に、学校運営協議会の導入による学校教育の改善過程においては、学校運営協議会の役割への意味付与の仕方が、学校教育の改善の程度に重要な影響を与える。このことは、第7章で示したように、学校運営協議会の歴史の初期の段階での校長による課題認識と学校運営協議会の役割への意味付与の違いが、最終的には、学校運営協議会の導入による学校教育の改善の程度の違いを生み出していたことから言える。また、委員や地域住民、保護者を巻き込んだ教育活動の創造と、委員や地域住民、保護者と教員間のネットワークや信頼、互酬的関係の形成との間に好ましい循環が発生するか否かも、学校運営協議会の役割への意味付与の仕方に依存していた。このことも、学校運営協議会の導入による学校教育の改善過程においては、学校運営協議会の役割への意味付与の仕方が、学校教育の改善の程度に重要な影響を与えることを示している。

　第3に、学校運営協議会の導入による学校教育の改善過程においては、学校運営協議会導入後における校長の異動の有無が、学校教育の改善の程度に重要な影響を与える。このことは、第7章で示したように、学校運営協議会導入後における校長の異動の有無が、学校運営協議会の導入による学校教育の改善の程度の違いを生み出していたことから言える。校長の異動が、それに伴う学校運営協議会の役割への新たな意味づけの困難さに影響を与えており、その新たな意味づけの困難さが、校長の学校経営と学校運営協議会の活動がうまく接

続されない要因になっていたと考えられる。

　B校では、学校運営協議会が導入されて以降、P校長が異動しなかったために、学校運営協議会の役割への意味づけと、それに伴う学校運営協議会の活動および、P校長の学校経営がうまく接続されていた。A校では、学校評議員が導入されて以降、E元校長が異動しなかったために、学校評議員の役割への意味づけと、それに伴う学校評議員の活動および、E元校長の校長の学校経営がうまく接続されていた。しかし、A校では、学校運営協議会が導入されて2年目に、E元校長が異動し、F元校長が着任した。F元校長は、すでに意味づけられていた学校運営協議会の役割を、新たに意味づけることが困難であったために、A校では、学校運営協議会の役割への意味づけと、それに伴う学校運営協議会の活動および、F元校長の学校経営がうまく接続されなかったことが推察される。これらのことから、学校運営協議会導入後における校長の異動の有無が、学校教育の改善の程度に重要な影響を与えていると考えられる。

第3節　本研究の理論的・実践的示唆

（1）理論的示唆
1）学校運営協議会研究に対する理論的示唆

　第1に、日本の学校運営協議会において、教員と委員、地域住民、保護者間のネットワークや信頼、互酬的関係の形成機能が「学校教育の改善」に重要な影響を与えることを明らかにした点に、本研究の理論的貢献の一つがあると考えられる。

　序章で述べたように、平井（2007）や岩永（2004）を除く、多くの日本の教育経営学者は、学校経営参加機関が学校を統治する機能を果たすことを前提としてきたように思われる。このことは、第1章で述べたように、学校運営協議会に関する研究が、学校運営協議会の「保護者や地域住民がその意向を学校経営に反映させる」機能に関心を集中させてきたことからもわかる。そのため、日本の教育経営学においては、これまで、学校経営参加機関が学校改善に

与える影響に関して、主に、第1の理論、「自律的学校経営の仕組み、すなわち学校への権限の委譲と、学校経営参加機関による校長と教員に対するアカウンタビリティの追求が、新たな教育活動を生み出す」、または、第2の理論、「学校経営参加機関における『公的討議』や『学校の定義』の問い直しが、新たな教育活動を生み出す」が着目されてきた。これらの理論の共通点は、学校経営参加機関が学校を統治する機能を果たすことを前提とした上で、その学校を統治する機能が、学校改善を起こす過程について説明している点にある。

　日本の教育経営学が、学校経営参加機関が学校を統治する機能を果たすことを前提としてきたことは、例えば、次の木岡（2011: 116-117）による学校運営協議会に関する言及からもわかる。

　　　（学校運営協議会について）その活動の実際においては、むしろ旧来のＰＴＡ役
　　　員会に地域住民が加わっただけで、PTA 行事を運営している範囲を超えていない
　　　ように見える。……授業補助人材の確保やイベント企画、教職員の勤務時間外の受
　　　け皿としての取り組みを保護者や地域住民の納得ずくで進める仕組みとしての便益
　　　は浮かび上がってくるものの、アメリカのチャーター・スクールのような、教科書
　　　選定や教育課程編成、教職員人事まで包含するガバナンスの様相は見えてこないの
　　　である。

　だが、本研究は、学校運営協議会が、学校を統治する機能を果たす機関にとどまらず、意味付与のされ方によっては、教員と委員、地域住民、保護者間のネットワークや信頼、互酬的関係の形成機能を発揮しうる機関であることを、教員や委員という行為者への質的・量的調査によって、実証的に明らかにしてきた。そして、学校運営協議会の学校を統治する機能が、児童の学習活動の質の改善に与える影響よりも、学校運営協議会の教員と委員、地域住民間のネットワークや信頼、互酬的関係の形成機能の方が、児童の学習活動の質の改善に与える影響が大きいことを明らかにしてきた。すなわち、本研究は、2000 年代に入って英語圏で着目されるようになってきた第3の理論、「学校経営参加機関に関する活動を通じた保護者と教員とのネットワークや信頼、互酬的関係の形成、すなわちソーシャルキャピタルの蓄積が、学校教育の改善に影響を与える」に近い過程が、学校運営協議会の導入による学校教育の改善過程として

重要であることを明らかにした。

第2に、日本の学校運営協議会において、学校経営参加機関が学校教育の改善に影響を与える過程に関する3つの理論がどのように当てはまるのかを明らかにした上で、学校運営協議会の導入による学校教育の改善過程の理論を仮説的に提示した点に、本研究の理論的貢献の一つがあると考えられる。

これまでの学校経営参加機関が学校教育の改善に影響を与える過程に関する研究は、日本の学校運営協議会において、これら3つの理論の相互の関係をどのように把握しうるかについて十分に明らかにしてこなかった。これに対して、本研究は、学校運営協議会における3つの理論の相互関係を、次のように仮説的に提示した。すなわち、「学校運営協議会の導入による学校教育の改善過程は、校長と教員に対して間接的にアカウンタビリティが追求される中で生じる。学校運営協議会においては、校長と教員に対する間接的なアカウンタビリティの追求が行われる中で、認識された学校課題に応じて、学校の定義が問い直されたり、教員と地域住民間のネットワークや信頼、互酬的関係の形成、すなわちソーシャルキャピタルが蓄積されたりした結果、『学校教育の改善』が起こる」と考えられる。

2) 学校組織研究に対する理論的示唆

第1章で述べたように、学校経営参加機関と学校教育の改善に関する先行研究の問題点の一つは、「学校運営協議会に関する研究においても、英語圏における学校経営参加機関と学校教育の改善に関する研究においても、学校運営協議会や学校経営参加機関が導入されてから、学校教育が改善されるに至るまでの過程に関する教員や委員の認識や行為といった組織過程についての知見が、管見の限り十分に蓄積されていない」ことであった。この点に関して、本研究では、第5章や第6章で、学校運営協議会の導入による学校教育の改善過程における、教員や委員の認識や行為の連鎖を記述、説明してきた。

また、総合的考察において、学校運営協議会の導入による学校教育の改善過程について、組織の観点から次の3点を指摘した。

① 学校運営協議会の導入による学校教育の改善過程においては、学校運営協議会の役割が、教員と委員が共同で教育活動を行うことだと意味づ

けられた場合、委員や地域住民、保護者を巻き込んだ教育活動の創造と、委員や地域住民、保護者と教員間のネットワークや信頼、互酬的関係の形成との間に好ましい循環が生じる。

② 学校運営協議会の導入による学校教育の改善過程においては、学校運営協議会の役割への意味付与の仕方が、学校教育の改善の程度に重要な影響を与える。

③ 学校運営協議会の導入による学校教育の改善過程においては、学校運営協議会導入後における校長の異動の有無が、学校教育の改善の程度に重要な影響を与える。

このように、学校運営協議会の導入による学校教育の改善過程における教員や委員の認識や行為の連鎖を記述、説明した点や、学校運営協議会の導入による学校教育の改善過程に関する組織の観点からの知見を解明した点に、学校組織研究に対する本研究の理論的貢献があると考える。

また、Bryk & Schneider（2002）の研究で明らかにされた知見と、本研究で明らかになった知見を比較すると、次の3点を指摘できる。

第1に、校長がその言動や行為の一貫性を保持することが、地域住民や保護者、教職員間の信頼の形成を促すことについては、本研究では確認されなかった。Bryk & Schneider（2002: 37-54）においては、リッジウェイ小学校において、校長が言動や行為の一貫性を保持しなかったために、校長、教員、保護者間の関係的信頼が損なわれていく過程が記述されていた。これに対して、Bryk & Schneider（2002: 75-88）においては、ホリデー小学校において、校長が言動や行為の一貫性を保持したために、校長、教員、保護者間の関係的信頼が形成されていく過程が記述されていた。

しかし、本研究においては、A校においても、B校においても、校長の言動や行為の一貫性が、校長、教員、保護者間の信頼に影響を与える過程は確認できなかった。

第2に、学校経営参加機関を保護者・地域住民のリーダーが教員を統制するように運営するのではなく、保護者・地域住民のリーダーと教員間の協働を促すように運営することが、地域住民や保護者、教職員間のソーシャルキャピタ

ルの蓄積を促すことを通して、「児童の学力向上」に影響を与える過程は、本研究においても確認された。

Bryk & Schneider（2002: 131）によれば、「ホリデー小学校の学校評議会における保護者と地域住民の代表は、通常、適切な改善計画について専門家である教職員の判断に従った。しかし、ホリデーの教職員は、学校での保護者の存在が積極的になることを奨励し、生徒のために日常的に本物の愛情を示した」という。その結果、教職員、保護者間の関係の信頼は促進されたと考えられる。それに対して、リッジウェイ小学校の学校評議会のリーダーは、学校のカリキュラムと教授組織を大きく変えようとした。しかし、こうした改革において、教職員に協力してもらうための努力はほとんどなされなかったという（Bryk & Schneider 2002: 131）。その結果、教職員、保護者間の関係的信頼は損なわれたと考えられる。

一方、本研究では、B校では、校長が、学校の課題に応じて、学校運営協議会の役割を意味づけ、学校経営に利用することで、地域住民・保護者と教員間のネットワークや信頼、互酬的関係の形成を促し、地域住民や保護者を巻き込んだ教育活動を生み出すことを通して、学校教育の改善を起こしていたことが明らかになった。これに対して、A校では、E元校長が、学校運営協議会の役割を学校経営の「お目付役」と意味づけたことによって、結果的に、教員と学校運営協議会委員間のネットワークが弱化し、新たな教育活動が生み出されにくくなったことが明らかになった。

これらのことから、本研究においても、学校経営参加機関を、保護者・地域住民のリーダーが教員を統制するように運営するのではなく、保護者・地域住民のリーダーと教員間の協働を促すように運営することが、地域住民や保護者、教員間のソーシャルキャピタルの蓄積を促すことを通して、「児童の学力向上」に影響を与えることが確認されたと言える。

シカゴにおいても、日本においても、学校経営参加機関には、保護者や地域住民が学校のアカウンタビリティを追求することを通して、学校が改善されることが、政策によって期待されていると考えられる。しかし、Bryk & Schneider（2002）の研究においても、本研究においても、保護者や地域住民

終　章　本研究の結論と今後の課題　*159*

が学校のアカウンタビリティを追求するように学校経営参加機関を運営することより、保護者や地域住民、教員間の協働を促すように学校経営参加機関を運営することの方が、地域住民や保護者、教職員間のソーシャルキャピタルの蓄積が促されることを通して、「児童の学力向上」が起こりやすいことが明らかになったと言える。

　第3に、校長が教員を大幅に入れ替えることについても、本研究では確認されなかった。Bryk & Schneider（2002: 137-138）においては、校長の教員を入れ替えるリーダーシップの重要性が指摘されている。しかし、本研究においては、校長が意図的に教員を大幅に入れ替えた証拠は得られなかった。

　ただ、人事に関して言えば、本研究では、校長の異動が、学校教育の改善の程度に重要な影響を与えることが明らかとなった。

（2）実践的示唆
1）学校経営に対する実践的示唆

　第1章や第3章で指摘したように、学校運営協議会の導入による「新たな教育活動の創造」による「児童の学習の質的改善」、すなわち「学校教育の改善」は、いまだ、多くの学校で起こってはいない。また、第3章で指摘したように、学校運営協議会が導入されたことによって、教員の負担が増大している可能性がある。学校運営協議会が導入されたことによって、教員の負担が増大しているとするならば、学校運営協議会の導入によって「学校教育の改善」が起こっていない学校では、学校運営協議会の導入によって、児童の学習活動の質が低下している可能性もあると考えられる。

　このように考えれば、より多くの学校で、学校運営協議会の導入による学校教育の改善を起こす必要がある。そのためには、学校運営協議会の導入による学校教育の改善過程を解明する必要があった。

　この点について、本研究で得られた学校運営協議会の導入による学校教育の改善過程に関する知見は、より多くの学校で、学校運営協議会の導入による「学校教育の改善」を起こす上で、有用であると考える。この点に本研究の実践上の貢献の1つがあると考える。

2） 教育行政に対する実践的示唆

① 学校の文脈に応じた意味づけを支援することの必要性

序章において示したように、法律や答申では、学校運営協議会の役割は、「校長が作成する学校運営の基本的な方針を承認し、学校運営や人事に関する意見を教育委員会や学校に述べることを通して、保護者や地域住民のニーズを学校運営に反映させ、学校の活動をチェックすること」とされていた。しかし、第3章において明らかにしたように、学校運営協議会では、法律や答申が想定していない「教育活動の支援」に関わる活動が多く行われていた。このような「教育活動の支援」に関わる活動は、これまで見てきたように、教員と地域住民間のネットワークや信頼、互酬的関係の形成および、「学校教育の改善」に有効だと言える。

したがって、文部科学省や教育委員会といった教育行政機関は、「学校教育の改善」を学校運営協議会導入の目的とする場合、教職員や委員が自校の課題に応じて意味づけた結果、実施されるであろう「教育活動の支援」に関わる活動を妨げないことが重要である。

しかし、実際には、教育行政の政策理念において、学校運営協議会の趣旨は、「教育活動の支援」を行うことではないとして、本来の活動とされる「校長が作成する学校運営の基本的な方針を承認し、学校運営や人事に関する意見を教育委員会や学校に述べることを通して、保護者や地域住民のニーズを学校運営に反映させ、学校の活動をチェックすること」を学校に促す動向が見られる。例えば、2009年3月に開催された中央教育審議会、初等中等教育分科会「小・中学校の設置・運営の在り方等に関する作業部会」（第12回、配付資料3）「学校運営協議会制度（コミュニティ・スクール）に関する主な意見等の整理」には、次の記述が見られる。

> 今後の学校運営協議会の在り方としては、学校運営協議会の本来の役割が、法令上の権限を持ち学校運営に参画するものであることを改めて明確にする必要がある。その上で、学校運営協議会の下の実働組織が、学校や地域の実態に応じて学校支援を行う役割を付加的に果たしていくことも、学校運営への参画をより効果的なものとすると考えられる。

終　章　本研究の結論と今後の課題　*161*

　この資料における、「学校運営への参画」は、言い換えれば、「校長が作成する学校運営の基本的な方針を承認し、学校運営や人事に関する意見を教育委員会や学校に述べることを通して、保護者や地域住民のニーズを学校運営に反映させ、学校の活動をチェックすること」を意味すると考えられる。上記の「学校運営協議会制度（コミュニティ・スクール）に関する主な意見等の整理」の資料から、教育行政の政策理念においては、学校運営協議会が「教育活動の支援」を行うことは、本来の役割ではなく、「学校運営への参画」を効果的にするための付加的な活動として意味づけられていると解釈できる。しかし、本研究の結論を踏まえれば、「学校教育の改善」を学校運営協議会導入の目的とする場合、学校運営協議会において「教育活動の支援」が実施されることが「学校運営への参画」を効果的にするための手段であると意味づけることを、教育行政が学校に促すことは、「学校教育の改善」を妨げる可能性があると言えよう。本研究の結論から言えば、「学校教育の改善」を学校運営協議会導入の目的とする場合、教育行政には、教職員や委員が自校の課題を認識し、その課題の解決に役立つように学校運営協議会を意味づけ、当該学校独自の文脈に応じた活動を展開していくことを支援することが求められる。

　②　地域運営学校における人事上の配慮の必要性

　本章第2節では、学校運営協議会の導入による学校教育の改善過程において、学校運営協議会導入後における校長の異動の有無が、学校教育の改善の程度に重要な影響を与えることを指摘した。学校運営協議会導入後に校長が異動すれば、新たに着任した校長は、自らが目指す学校経営に合わせ、新たに学校運営協議会の役割に対して意味を付与することが困難になると考えられるからである。したがって、教育行政には、地域運営学校における校長の在任期間と、学校運営協議会委員の任期を合わせるなどの人事上の配慮をすることが求められる。

第4節　今後の課題

今後の課題として、次の3点を挙げる。

第1に、より客観性が高い量的データによって、学校運営協議会の導入による学校教育の改善過程を解明する必要がある。本研究の第3章と第4章で用いられた質問紙調査は、教員や委員による学校運営協議会の活動認識や地域運営学校の成果認識を捉えるものであった。しかし、捉えることができたのは、あくまでも教員や委員による認識である点に限界がある。学校運営協議会の活動や地域運営学校の成果に関するより客観性の高いデータを収集・分析することを通して、本研究によって得られた知見を修正する必要がある。

第2に、今後、質的調査研究によって明らかになったことをもとに、質問紙調査項目を作成し、質問紙調査を実施することが残されている。つまり、今後、クレスウェル（2010）の言う探求的デザインを採用し、順次的データ分析を試みる必要がある。

第3に、より多くの事例研究を積み重ねることによって、本研究で解明してきた学校運営協議会の導入による学校教育の改善過程を確認・修正する必要がある。本研究の事例研究では、2校を対象とするにとどまった。学校の多様性を考慮するならば、より多くの学校を対象に学校運営協議会の導入による学校教育の改善過程に関する事例研究を行う必要があると考えられる。

引用・参考文献

浅田昇平・小野田正利（2004）「学校現場での実践性を志向する教育経営学研究のレビュー」『日本教育経営学会紀要』（46）、216-225頁

新睦人、大村英昭、宝月誠・中野正大・中野秀一郎（1979）『社会学のあゆみ』、有斐閣

新睦人、中野秀一郎編（1984）『社会学のあゆみパートⅡ ― 新しい社会学の展開』、有斐閣

天笠茂（1997）「臨床科学としての教育経営学」『日本教育経営学会紀要』（39）、17-27頁

アルフレッド．シュッツ著、佐藤嘉一訳（2006）『社会的世界の意味構成 ― 理解社会学入門［改訳版］』、木鐸社

伊丹敬之（2005）『場の論理とマネジメント』東洋経済新報社

今井賢一、金子郁容（1988）『ネットワーク組織論』岩波書店

今橋盛勝（1983）『教育法と法社会学』三省堂

岩永定（1984）「アメリカにおける父母・住民の教育（行政）参加の研究」『九州大学教育学部紀要（教育学部門）』（30）、59-71頁

岩永定（1988）「学校諮問委員会（School Advisory Council）の法制化に関する一考察」『鳴門教育大学研究紀要（教育科学編）』（3）

岩永定（1994）「アメリカにおける親の教育参加の動向と課題」『学校参加と権利保障 ― アメリカの教育行財政 ―』北樹出版、143-157頁

岩永定（2000）「父母・住民の経営参加と学校の自律性」『自律的学校経営と教育経営』玉川大学出版部、240-261頁

岩永定（2004）「『学校運営協議会』をどう運営するか」『教職研修』32（8）、教育開発研究所、34-37頁

ウェイン．ベーカー著、中島豊訳（2001）『ソーシャル・キャピタル ― 人と組織の間にある「見えざる資産」を活用する』ダイヤモンド社

OECD教育研究革新センター著、中嶋博・山西優二・沖清豪訳（1998）『親の学校参加 ― 良きパートナーとして』学文社

大神田賢次（2005）『日本初の地域運営学校 ― 五反野小学校の挑戦』長崎出版

大谷順子（2006）『事例研究の革新的方法 ― 阪神大震災被災高齢者の5年と高齢化社会の未来像』、九州大学出版会

小島弘道（2004）「東京都足立区立五反野小学校理事会 ― 誕生の背景と展開」『教育学研究』71（1）、57-63頁

小島弘道（2007）「自律的学校経営の構造」小島弘道編『時代の転換と学校経営改革』学文社、43-62頁

小野田正利（1982a）「現代フランスにおける学校経営と教育参加 ― 1968 年の中等学校管理改革を中心に」『名古屋大學教育學部紀要』教育学科（29）、193-208 頁

小野田正利（1982b）「フランスの学級運営への父母参加に関する研究：学級委員会の教育評価機能をめぐる法制論議を中心に」『日本教育経営学会紀要』（24）、29-39 頁

小野由美子・淵上克義・浜田博文・曽余田浩史編著（2004）『学校経営研究における臨床的アプローチの構築 ― 研究 ― 実践の新たな関係性を求めて』北大路書房

カール．E．ワイク著、遠田雄志訳（1997）『組織化の社会心理学』文眞堂

カール．E．ワイク著、遠田雄志・西本直人訳（2001）『センスメーキング イン オーガニゼーションズ』文眞堂

カール．E．ワイク・キャスリーン．M．サトクリフ著、西村行功訳（2002）『不確実性のマネジメント ― 危機を事前に防ぐマインドとシステムを構築する ―』ダイヤモンド社

加護野忠男（1988）『組織認識論』千倉書房

金井壽宏（2005）『リーダーシップ入門』日本経済新聞社

金子郁容、鈴木寛、渋谷恭子（2000）『コミュニティ・スクール構想 ― 学校を変革するために』岩波書店

金子郁容（2008）『日本で「一番いい」学校 ― 地域連携のイノベーション』岩波書店

川喜田二郎（1967）『発想法 ― 創造性開発のために』中央公論新社

木岡一明（2011）「公教育の規範性と学校組織マネジメント」堀内孜編『公教育経営の展開』東京書籍、108-126 頁

窪田眞二（1993）『父母の教育権研究 ― イギリスの父母の学校選択と学校参加 ―』亜紀書房

窪田眞二（1999）「父母の教育権と学校参加」『日本教育法学会年報』（28）、47-55 頁

窪田眞二（2004）「学校改善における保護者・地域との協働の位置づけ―イングランドの中等学校長調査より」『筑波大学教育学系論集』（28）、1-11 頁

黒崎勲（2004）『新しいタイプの公立学校 ― コミュニティ・スクール立案過程と選択による学校改革』同時代社

河野和清（1988）「アメリカ教育経営学における現象学的アプローチ」『日本教育経営学会紀要』（30）、91-106 頁

小松郁夫（1988）「英国における学校理事会とその改革」『日本教育経営学会紀要』（30）、138-154 頁

近藤邦夫・志水宏吉（2002）『学校臨床学への招待 ― 教育現場への臨床的アプローチ』嵯峨野書院

坂下昭宣（2002）『組織シンボリズム論 ― 論点と方法』白桃書房

佐古秀一（1997）「教育経営研究における実践性に関する基礎的考察」『日本教育経営学会紀要』（39）、28-39 頁

佐藤郁哉（1992）『フィールドワーク増補版 ― 書を持って街へ出よう』新曜社

佐藤郁哉（2002）『組織と経営について知るための実践フィールドワーク入門』、有斐閣

佐藤郁哉（2008）『質的データ分析法 ― 原理・方法・実践』、新曜社

佐藤晴雄編（2010）『コミュニティ・スクールの研究』風間書房

佐藤博志（1996）「オーストラリア首都直轄区の学校評価に関する考察 ― 自律的学校経営における学校評価の役割に着目して ― 」『日本教育経営学会紀要』（38）、88-99 頁

佐藤博志（1997）「豪州ビクトリア州における学校財政制度に関する考察 ― 学校への財政権限委譲と学校改善の関係構造の解明 ― 」『日本教育行政学会年報』（23）、123-134 頁

佐藤博志（2009）『オーストラリア学校経営改革の研究 ― 自律的学校経営とアカウンタビリティ』東信堂

志水宏吉編（2009）『「力のある学校」の探求』大阪大学出版会

清水紀宏（2001）「外生的変革に対する学校体育経営組織の対応過程 ― 2 つの公立小学校の事例研究」『体育學研究』46（2）、163-178 頁

J．W．クレスウェル・V．L．プラノクラーク著、大谷順子訳（2010）『人間科学のための混合研究法 ― 質的・量的アプローチをつなぐ研究デザイン』北大路書房

G．ウイッティ・S．パワー・D．ハルピン著、熊田聰子訳（2000）『教育における分権と選択』学文社

曽余田浩史（1997）「円環的思考：教育経営研究の新たな枠組みの可能性」『日本教育経営学会紀要』第 39 号、40-51 頁

高野良一（1991）「現代アメリカ SBM〔学校を基礎にした経営〕研究序説」『法政大学文学部紀要』（37）、195-222 頁

高野良一（1995）「SBM（学校を基礎にした経営）のシカゴ・スタイル」『法政大学文学部紀要』（41）、119-142 頁

高野良一（2002）「小さなチャータースクールの現実と可能性」『法政大学文学部紀要』（48）、137-161 頁

高野良一（2004）『教育システムにおけるソーシャル・キャピタル形成の理論的及び実証的研究』平成 14、15 年度科学研究費補助金（萌芽研究）研究成果報告書、研究課題番号 1465062

高野良一（2004）「ソーシャル・キャピタルと教育システム」『法政大学キャリアデザイン学部紀要』創刊号、75-104 頁

高野良一（2009）「コミュニティ・スクールとしてのチャータースクール ― チャータースクールの事例分析 ― 」『法政大学キャリアデザイン学部紀要』（6）、93-118 頁

高野良一（2010）「コミュニティ・スクールとチャータースクール ― オールタナティブな公立学校モデル」三上和夫・湯田拓史編著『地域教育の構想』同時代社、25-50 頁

武井敦史（1995）「学校経営研究における民族誌的方法の意義」『日本教育経営学会紀要』（37）、86-98 頁

武井敦史（2006）「学校経営研究の実践性・有用性を問う」『学校経営研究』（31）、3-10 頁

Talley, W. K., & Keedy, J. L. (2006). Assessing school council contribution to the enabling conditions of instructional capacity building: An urban district in Kentucky. *Education and Urban Society*, 38 (4), p419-454

仲田康一（2010）「学校運営協議会における『無言委員』の所在 ― 学校参加と学校をめぐるミクロ社会関係 ―」『日本教育経営学会紀要』（52）、96-110 頁

仲田康一、大林正史、武井哲郎（2011a）「学校運営協議会委員の属性・意識・行動に関する研究：質問紙調査の結果から」『琉球大学生涯学習教育研究センター研究紀要』（5）、31-40 頁

仲田康一、大林正史、武井哲郎（2011b）「学校運営協議会における保護者／地域住民の活動特性 ― 教員との比較および学校評議員との比較を中心に ―」『日本学習社会学会年報』（7）、35-44 頁

中留武昭、千々布敏弥、元兼正浩、大野裕己、露口健司（1996）「学校改善を規定する学校文化の要因に関する調査：校長に対する意識調査の結果から」『教育経営教育行政学研究紀要』（3）、39-84 頁

ナン．リン著、筒井淳也・石田光規・桜井政成・三輪哲・土岐智加賀子訳（2008）『ソーシャル・キャピタル ― 社会構造と行為の理論 ―』ミネルヴァ書房

沼上幹（2000）『行為の経営学 ― 経営学における意図せざる結果の探究』白桃書房

西穣司（1987）「学校経営研究におけるリアリティをめぐる現状と課題」大塚学校経営研究会『学校経営研究』（12）、23-29 頁

橋本洋治、岩永定、芝山明義、藤岡恭子（2010）「学校運営協議会の導入による学校経営改善の可能性に関する研究」『名古屋短期大学研究紀要』（48）、135-145 頁

畑中大路（2012）「M－GTA を用いた学校経営分析の可能性 ― ミドル・アップダウン・マネジメントを分析事例として ―」『日本教育経営学会紀要』（54）76-93 頁

ハーバート・ブルーマー、後藤将之訳（1991）『シンボリック相互作用論 ― パースペクティブと方法』勁草書房

浜田博文（1999）「アメリカ学校経営における共同的意思決定の実態と校長の役割期待：ケンタッキー州における SBDM（School‐Based Decision Making）の分析を中心に」『筑波大学教育学系論集』24（1）、23-34 頁

浜田博文（2004）「アメリカにおける『学校を基礎単位とした教育経営（SBM）』施策の展開とその意義 --1960 年代～ 1990 年代の公教育統治構造の変化に着目して」『筑波大学教育学系論集』（28）、37-56 頁

浜田博文（2007）『『校長の自律性』と校長の新たな役割 ― アメリカの学校経営改革に学ぶ』一藝社

平井貴美代（2005）「地方分権時代の学校経営の課題 ― 学校ガバナンスを手がかりに ―」大

塚学校経営研究会『学校経営研究』(30)、21-30 頁

平井貴美代（2007）「コミュニティ・スクールとガバナンス」小島弘道編『時代の転換と学校経営改革』学文社、209-220 頁

日高和美（2007）「学校運営協議会における意思決定に関する考察 ― 校長の認識に焦点をあてて ― 」『教育経営学研究紀要』(10)、45-53 頁

Parker, K., & Leithwood, K.（2000）. School Councils' Influence on School and Classroom Practice. *Peabody Journal of Education*, Vol. 75 Issue 4, p37-65

Bryk, A, S., & Schneider, B.（2002）. *Trust in schools: A Core Resource for Improvement.* New York. Russell Sage Foundation

ピーター．バーガー・トーマス．ルックマン著、山口節郎訳（1977）『現実の社会的構成 ― 知識社会学論考』、新曜社

堀内孜編（2002）『現代公教育経営学』学術図書出版社

堀内孜（2004）「学校運営協議会の制度設計と地域運営学校の経営構造」『季刊教育法』(142)、13-18 頁

堀内孜（2006）「学校経営の構造転換にとっての評価と参加」『日本教育経営学会紀要』(48)、2-15 頁

水本徳明（2000）「学校の組織・運営の原理と構造」『自律的学校経営と教育経営』玉川大学出版部、132-148 頁

宮川公男・大守隆編（2004）『ソーシャル・キャピタル ― 現代経済社会のガバナンスの基礎』東洋経済新報社

屋敷和佳（2010）「学校運営協議会の組織と会議」佐藤晴雄編『コミュニティ・スクールの研究』風間書房、55-74 頁

安冨歩（2006）『複雑さを生きる』岩波書店

柳澤良明（1988）「西ドイツにおける学校経営参加の理念と制度に関する研究：ノルトライン・ヴェストファーレン州の『学校参加法』を事例として」『教育学研究集録』(12)、53-64 頁

柳澤良明（1991）「ドイツの合議制学校経営における校長の位置と役割」『日本教育経営学会紀要』(33)、87-98 頁

柳澤良明（1992）「ドイツの学校経営への組織開発導入の意義：学校経営における組織変革能力の向上」『日本教育経営学会紀要』(34)、91-104 頁

柳澤良明（1996）『ドイツ学校経営の研究』亜紀書房

山崎保寿（2007）「地域型コミュニティ・スクールの成立要因に関する事例的考察：阿智第三小学校を事例として」『静岡大学教育学部研究報告人文・社会科学篇』(58)、221-230 頁

山下晃一（1997）「シカゴ学校改革における学校評議会制度の意義 ― Rollow と Bryk の議論を手がかりとして ― 」『日本教育行政学会年報』(23)、135-146 頁

山下晃一（2002）『学校評議会制度における政策決定 ― 現代アメリカ教育改革・シカゴの試み ―』多賀出版

結城忠（2009）『教育の自治・分権と学校法制』東信堂

雪丸武彦・青木栄一（2010）「分権改革が学校経営に与えたインパクト」『日本教育経営学会紀要』（52）、240 249 頁

横山剛士・清水紀宏（2005）「教育イノベーションの継続的採用を促す組織的要因の検討 ― 学校と地域の連携による合同運動会の定着過程に関する事例研究」『日本教育経営学会紀要』（47）、145-160 頁

Leithwood, K., & Menzies, T.（1998）. Forms and effects of school-based management: A review. *Educational Policy,* 12（3）, p325-346

ロバート．D．パットナム著、河田潤一訳（2001）『哲学する民主主義 ― 伝統と改革の市民的構造』NTT 出版

ロバート．D．パットナム著、柴内康文（2006）『孤独なボウリング ― 米国コミュニティの崩壊と再生』柏書房

本論文を構成する研究の発表状況

論文

大林正史（2011）「学校運営協議会の導入による学校教育の改善過程 ― 地域運営学校の小学校を事例として」『日本教育行政学会年報』、日本教育行政学会、第 37 巻、pp.66-82

【第 5 章】

大林正史（2012）「分権改革が学校経営に与えるインパクトに関する事例研究 ― 学校運営協議会の導入を中心に ―」『学校経営研究』、大塚学校経営研究会、第 37 巻、pp.57-70

【第 6 章】

学会発表

大林正史「学校運営協議会の活動と地域運営学校の成果認識の関連 ― 学校運営協議会委員への質問紙調査から」、『日本教育経営学会第 51 回大会』、日本大学、2011 年 6 月

【第 4 章】

大林正史、「学校運営協議会の活動と地域運営学校の成果認識に関する研究 ― 小学校教員への質問紙調査から」、『日本教育行政学会第 45 回大会』、筑波大学、2010 年 10 月

【第 4 章】

資　料

第 3 章・第 4 章で用いた調査用紙

地域運営学校における
小学校教員のワークモチベーションに関する調査

【教員用】

筑波大学大学院人間総合科学研究科　准教授　水本徳明

同研究科　　院生　大林正史

《ご協力のお願い》

　近年、学校が直面する課題が困難さを増していることを背景に、学校と保護者、地域との連携の必要性が指摘されています。そのような中、地域運営学校になられた貴校では、学校運営協議会を有効に活用した学校経営が実践されていることと思います。

　そこで、筑波大学大学院共生教育学研究室は、地域運営学校において、どのような活動がなされれば、先生方の日々の仕事に対するやる気（ワークモチベーション）を高めることができるのか、また地域運営学校の成果を高めることができるのかを統計的に明らかにするため、「地域運営学校における小学校教員のワークモチベーションに関する調査」を計画しました。

　この調査は先生方のワークモチベーションの実態や、学校運営協議会の活動、地域運営学校の成果等を伺う内容になっています。この調査は強制ではありませんので、本調査にご協力いただかなくても何ら不利益を受けることはございません。質問内容等をご確認いただき、回答にあたっては自由意志でご判断いただきたいと思います。なお、この調査は小学校における全地域運営学校（243校）の主幹教諭、指導教諭、教諭の方々を対象に行っており、類似の調査を学校長に対しても行っております。

　<u>本調査の結果は統計的にまとめられ学術的な研究資料として取り扱い、プライバシー保護の観点から個人が特定されることはありませんので、ご回答くださった先生方にご迷惑をおかけすることはございません。</u>ぜひとも率直なご意見をお寄せいただきたく存じます。ご多用のところ、大変恐縮ではございますが、研究の趣旨をご理解いただき、ご協力を賜りますよう、お願い申し上げます。なお、本調査に同意いただけない場合には、無回答のまま提出していただいてかまいません。

この研究は筑波大学人間総合科学研究科研究倫理委員会の承認を得て、皆様に不利益がないよう万全の注意を払って行われています。研究への協力に際してご意見ご質問などございましたら、気軽に研究実施者にお尋ね下さい。あるいは、人間総合科学研究科研究倫理委員会までご相談ください。

平成 20 年 12 月
筑波大学大学院人間総合科学研究科
共生教育学研究室

```
○本調査にご協力いただけますか。
 1. はい     2. いいえ
```

《調査票に関するご質問について》

〒 305-8574 茨城県つくば市天王台 1 丁目 1−1 総合研究棟 D 棟 512
筑波大学大学院人間総合科学研究科ヒューマン・ケア科学専攻
共生教育学研究室　准教授　水本　徳明
TEL ／ FAX　029-853-3920
E-mail　nmizumot@human. tsukuba. ac. jp

同大学大学院共生教育学研究室大学院生研究室
院生：大林正史
TEL ／ FAX　029-853-5600（内線 8407）
E-mail　m. oobayashi@gmail. com

筑波大学大学院人間総合科学研究科研究倫理委員会
TEL　029-853-2571
E-mail　hitorinri@sec. tsukuba. ac. jp

※主幹教諭、指導教諭、教諭職の方にご回答をお願いします。

Ⅰ．最初に先生自身のワークモチベーションについてお聞きします。

Q1. 以下の質問について、先生のお考えをお示しください。（当てはまる選択肢の番号に○をつけてください。）

	あてはまる	ある程度あてはまる	あまりあてはまらない	あてはまらない
1) 現在の仕事に満足している。	1	2	3	4
2) 今の仕事に喜びを感じる。	1	2	3	4
3) 今の仕事に誇りを感じる。	1	2	3	4
4) 朝、仕事に行くのが楽しい。	1	2	3	4
5) 今の仕事にやりがいを感じる。	1	2	3	4
6) 今の仕事に何の不満もない。	1	2	3	4
7) この学校に必要なら、どんな仕事でも引き受ける。	1	2	3	4
8) この学校の問題があたかも自分自身の問題であるかのように感じる。	1	2	3	4
9) この学校の一員であることを誇りに思う。	1	2	3	4
10) この学校のメンバーであることを強く意識している。	1	2	3	4
11) この学校の人々に多くの義理を感じる。	1	2	3	4
12) この学校に多くの恩義を感じる。	1	2	3	4
13) この学校にできるだけ長く留まりたい。	1	2	3	4
14) 今の仕事が好きである。	1	2	3	4
15) 今の仕事が生きがいである。	1	2	3	4
16) 今の私にとって仕事が生活のすべてである。	1	2	3	4
17) 私にとって最も重要なことが、今の仕事に密接に関連している。	1	2	3	4
18) 今の仕事から得られる満足感が一番大きい。	1	2	3	4
19) 今の仕事にのめり込んでいる。	1	2	3	4
20) 最も充実していると感じられるのは仕事をしているときである。	1	2	3	4

Ⅱ．先生の学校の学校運営協議会について、お聞きします。

Q2. **先生の学校の学校運営協議会では**、以下の内容がどの程度当てはまりますか。
当てはまる選択肢の番号に○をつけてください。（もしわからなければ、「わからない」の選択肢に○をつけてください。）

	あてはまる	ある程度あてはまる	あまりあてはまらない	あてはまらない	わからない
1) 学校運営協議会は、学校への注文・苦情への対応について協議することを、重視している。	1	2	3	4	5
2) 学校運営協議会は、地域の巻き込み方を協議することを、重視している。	1	2	3	4	5
3) 学校運営協議会は、保護者の巻き込み方を協議することを、重視している。	1	2	3	4	5
4) 学校運営協議会は、学校経営方針について協議することを、重視している。	1	2	3	4	5
5) 学校運営協議会は、教育課程編成について協議することを、重視している。	1	2	3	4	5
6) 学校運営協議会は、学校行事の計画について協議することを、重視している。	1	2	3	4	5
7) 学校運営協議会は、学校評価について協議することを、重視している。	1	2	3	4	5
8) 学校運営協議会は、学校予算について協議することを、重視している。	1	2	3	4	5
9) 学校運営協議会は、学校への寄附について協議することを、重視している。	1	2	3	4	5
10) 学校運営協議会は、教員評価について協議することを、重視している。	1	2	3	4	5
11) 学校運営協議会は、教員人事について協議することを、重視している。	1	2	3	4	5
12) 学校運営協議会は、教職員の資質向上について協議することを、重視している。	1	2	3	4	5
13) 学校運営協議会は、授業改善について協議することを、重視している。	1	2	3	4	5
14) 学校運営協議会は、児童の学習を支援する取り組みを行うことを、重視している。	1	2	3	4	5
15) 学校運営協議会は、児童の安全を確保する取り組みを行うことを、重視している。	1	2	3	4	5
16) 学校運営協議会は、児童たちへの教育課程外の活動を実施することを、重視している。	1	2	3	4	5
17) 学校運営協議会は、学校行事を支援することを、重視している。	1	2	3	4	5
18) 学校運営協議会は、教員を支援することを、重視している。	1	2	3	4	5
19) 学校運営協議会は、授業における地域人材の活用を支援することを、重視している。	1	2	3	4	5
20) 学校運営協議会は、学校環境の整備を行うことを、重視している。	1	2	3	4	5

Q3. 先生は**地域運営学校に指定されてから**、学校や地域等にどのような**成果**が見られたとお考えですか。（当てはまる選択肢の番号に○をつけてください。）

	あてはまる	ある程度あてはまる	あまりあてはまらない	あてはまらない
1) 特色ある学校づくりが進んだ。	1	2	3	4
2) 学校が活性化した。	1	2	3	4
3) 校内研修が活発化した。	1	2	3	4
4) 学校行事が充実した。	1	2	3	4
5) 体験的な教育活動が充実した。	1	2	3	4
6) 教育課程の改善・充実が図られた。	1	2	3	4
7) 児童の学習意欲が高まった。	1	2	3	4
8) 児童の「知識」分野の学力が向上した。	1	2	3	4
9) 児童の「活用」分野の学力が向上した。	1	2	3	4
10) 児童が他の児童を大切にするようになった。	1	2	3	4
11) 児童が児童自身を大切にするようになった。	1	2	3	4
12) 児童がやって良いことと悪いことを区別できるようになった。	1	2	3	4
13) いじめ問題が改善した。	1	2	3	4
14) 不登校問題が改善した。	1	2	3	4
15) 児童同士のトラブルが減った。	1	2	3	4
16) 自分自身が新しい授業実践を多くするようになった。	1	2	3	4
17) 自分自身が教材研究を多くするようになった。	1	2	3	4
18) 自分自身が教育実践をよく反省するようになった。	1	2	3	4
19) 地域住民が学校に協力的になった。	1	2	3	4
20) 地域住民が学校の実態をよく理解するようになった。	1	2	3	4
21) 地域住民が教職員を信頼するようになった。	1	2	3	4
22) 保護者が学校に協力的になった。	1	2	3	4
23) 保護者が学校の実態をよく理解するようになった。	1	2	3	4
24) 保護者が教職員を信頼するようになった。	1	2	3	4
25) 先生ご自身の仕事の負担が軽減した。	1	2	3	4
26) 先生ご自身の仕事にゆとりができた。	1	2	3	4
27) 先生ご自身の残業時間が短くなった。	1	2	3	4

資　料　第3章・第4章で用いた調査用紙　*177*

Q4. 先生の学校の学校運営協議会の活動と委員の行動について、先生のお考えを
お示しください。（当てはまる選択肢の番号に○をつけてください。もしわか
らなければ、「わからない」の選択肢に○をつけてください。）

	あてはまる	ある程度あてはまる	あまりあてはまらない	あてはまらない	わからない
1）　学校運営協議会は、教員を支援する活動を行っている。	1	2	3	4	5
2）　学校運営協議会は、教員を励ます活動を行っている。	1	2	3	4	5
3）　学校運営協議会は、教員の負担を減らす活動を行っている。	1	2	3	4	5
4）　学校運営協議会は、教員が授業に専念するのに役立つ活動を行っている。	1	2	3	4	5
5）　学校運営協議会は、教員のみではできない活動を可能にしている。	1	2	3	4	5
6）　学校運営協議会の委員は、教員の働きをよく見ている。	1	2	3	4	5
7）　学校運営協議会の委員は、教員の良いところをよく誉める。	1	2	3	4	5
8）　学校運営協議会の委員は、教員を信頼している。	1	2	3	4	5
9）　学校運営協議会の委員は、教員の努力をよく認めている。	1	2	3	4	5
10）学校運営協議会の委員は、教員をよく理解している。	1	2	3	4	5

Ⅲ. あなたの学校における教員の学校運営への参加について、お聞きします。

Q5. あなたの学校における教員の学校運営への参加について、あなたのお考えを
お示しください。（当てはまる選択肢の番号に○をつけてください。）

	あてはまる	ある程度あてはまる	あまりあてはまらない	あてはまらない
1）この学校では、学校行事の計画を決める際、教員の意見が重視される。	1	2	3	4
2）この学校では、校内研修の計画を決める際、教員の意見が重視される。	1	2	3	4
3）この学校では、どのような分掌組織を設定するかを決める際、教員の意見が重視される。	1	2	3	4
4）この学校では、校務分掌の進め方について、教員の考えが重視される。	1	2	3	4
5）この学校では、年度の重点目標を設定する際、教員の意見が重視される。	1	2	3	4
6）この学校の職員会議の場では、教員から出た意見が重視される。	1	2	3	4
7）この学校では、何かを決めるとき、職員会議での話し合いが重視される。	1	2	3	4

資　料　第3章・第4章で用いた調査用紙　*179*

Ⅳ．先生の学校の管理職の方々について、お聞きします。

Q6．先生の学校の管理職の方々について、あなたのお考えをお示しください。（当
　　てはまる選択肢の番号に○をつけてください。）

	あてはまる	ある程度あてはまる	あまりあてはまらない	あてはまらない
1)　教職員の働きをよく見ている。	1	2	3	4
2)　教職員の良いところをよく誉める。	1	2	3	4
3)　教職員一人一人の長所を学校作りに生かしている。	1	2	3	4
4)　教職員一人一人を理解している。	1	2	3	4
5)　教職員を信頼している。	1	2	3	4
6)　教職員の努力を認めている。	1	2	3	4
7)　校内での研究授業後、授業者の良いところを誉める。	1	2	3	4
8)　人材を育てようとする意識をもっている。	1	2	3	4
9)　校内研修が教員の成長に寄与するものとなるように十分配慮している。	1	2	3	4
10)　学級経営上の困難をすぐに把握するために努力している。	1	2	3	4
11)　学級経営上の困難に対し、学校全体で担任を支援する体制をとっている。	1	2	3	4
12)　教職員がチームで仕事をすることを奨励する。	1	2	3	4
13)　教職員の失敗を個人の責任にしない。	1	2	3	4
14)　教職員同士の助け合いを重視する。	1	2	3	4
15)　児童の学力を向上させることに、強い関心がある。	1	2	3	4
16)　児童の道徳性を発達させることに、強い関心がある。	1	2	3	4
17)　児童の体力を向上させることに、強い関心がある。	1	2	3	4
18)　児童の学力を向上させるため、個別指導の時間を設けたり、習熟度別学習を導入する等、組織的な工夫をしている。	1	2	3	4
19)　児童の道徳性を発達させるため、学校独自の道徳資料を作成する等、組織的な工夫をしている。	1	2	3	4
20)　児童の体力を向上させるため、授業の他に運動する時間を設ける等、組織的な工夫をしている。	1	2	3	4
21)　地域住民を強く意識している。	1	2	3	4
22)　地域の行事によく出席する。	1	2	3	4
23)　教職員に地域の行事に出席するようによく依頼する。	1	2	3	4
24)　地域住民の要望によく応えようとしている。	1	2	3	4
25)　地域住民にとても配慮して学校を経営している。	1	2	3	4
26)　地域の将来をよく考えて学校を経営している。	1	2	3	4

Ⅴ. 最後に先生ご自身についてお尋ねします。

各項目について当てはまる選択肢の番号に○を囲むか、□の中に当てはまる数字等を記入してください。

① 先生は担任をされていますか？ また、「1. はい」とお答えになった先生は、学年を□へお書きください。

1. はい　　2. いいえ　　　　　　　　　　　　　　　　学年

② 現在の職位
1. 主幹教諭　　2. 指導教諭　　3. 教諭　　4. いずれでもない

③ 現在の担当主任
1. 教務主任　　2. 学年主任　　3. 研究主任　　4. 生徒指導主任
5. いずれでもない

④ 先生の年齢
1. 24歳以下　　2. 25～29歳　　3. 30～39歳
4. 40～49歳　　5. 50歳以上

⑤ 先生の教職経験年数

　　　　　　　　　　年目

⑥ 先生の本校在籍年数

　　　　　　　　　　年

⑦ 性別
1. 男性　　　　　　　2. 女性

資　料　第3章・第4章で用いた調査用紙　*181*

⑧　先生の学校運営協議会への参加の形態

　1）先生は今年度、学校運営協議会にどのように参加していましたか。

　　　当てはまる選択肢の番号に○をつけてください。

　1.　学校運営協議会委員として参加していた。

　2.　学校運営協議会委員ではないが、校務分掌の関係で参加していた。

　3.　学校運営協議会委員でも、校務分掌の関係でもないが、参加していた。

　4.　参加しなかった。

　2）（上記の質問で1. 2. 3に○をつけた方に伺います。）

　　　先生は今年度、学校運営協議会にどのくらい参加していましたか。

　　　当てはまる選択肢の番号に○をつけてください。

　1.　開催回数の8割以上参加していた

　2.　開催回数の6割以上8割未満参加していた

　3.　開催回数の4割以上6割未満参加していた

　4.　開催回数の2割以上4割未満参加していた。

　5.　開催回数の2割未満参加していた。

　質問は以上で終わりです。次のページの【調査票の回収方法について】の手順に沿って、調査票を厳封し、提出していただきますようよろしくお願いいたします。大変貴重なお時間をいただいてのご協力ありがとうございました。

調査票の回収方法について

1. 調査票の回収方法

　お手数ではございますが、個人のプライバシー保護の観点から本調査票の回収方法は、以下の方法でお願いいたします。

《調査票回収の流れ》

---

① 校長先生から調査票を回収するための封筒をお受け取りください。

② 回答いただいた調査票を、その封筒に入れて厳封してください。

③ 最後に、厳封した封筒を校長先生に、提出してください。
　（校長先生にまとめていただき送付していただきます。
　　　差出人名は記載しなくて結構です）

　質問および調査票の回収は、以上で終わりです。先生方の意欲を支える地域運営学校のあり方を考察する際の参考にさせていただきたいと思います。

　大変貴重なお時間をいただいてのご協力ありがとうございました。

学校運営協議会委員の意識と行動に関する調査

東京大学大学院教育学研究科　准教授　勝野正章

《ご協力のお願い》

学校運営協議会委員のみなさま

　近年、学校が直面する課題が困難さを増していることを背景に、学校運営協議会を設置する学校が増えております。これまで、学校運営協議会に関する質問紙調査は、校長先生や教諭を対象に行われ、その実態が明らかにされてきました。しかしながら、学校運営協議会委員の意識や行動を明らかにした調査は皆無の状況です。園児・児童・生徒が豊かに育つための学校運営協議会制度の活用のあり方を考察するためにも、学校運営協議会委員の意識や行動といった実態を明らかにすることが不可欠です。

　そこで、東京大学大学院教育学研究室は「学校運営協議会委員の意識と行動に関する調査」を計画しました。この調査は、学校運営協議会委員が意見を反映させたり、関与している領域やその程度、委員として活動するにあたっての情報収集の仕方、学校運営協議会の成果等を伺う内容になっています。この調査は強制ではありませんので、本調査にご協力いただかなくても何ら不利益を受けることはございません。質問内容等をご確認いただき、回答にあたっては自由意志でご判断いただきたいと思います。

　なお、この調査は全地域運営学校（478校）の校長先生と学校運営協議会委員の方々を対象に行っております。回答にご協力いただいた学校には、調査報告書を郵送させていただく予定です。ぜひとも率直なご意見をお寄せいただきたく存じます。

　<u>本調査の結果は統計的にまとめられ学術的な研究資料として取り扱い、プライバシー保護の観点から個人及び学校が特定されることはありませんので、ご回答くださった委員の方々にご迷惑をおかけすることはございません。</u>ご多用のところ大変恐

縮ではございますが、研究の趣旨をご理解いただき、ご協力を賜りますよう、お願い申し上げます。なお、本調査に同意いただけない場合には、無回答のまま提出していただいてかまいません。

　研究への協力に際してご意見ご質問などございましたら、気軽に研究実施者にお尋ね下さい。

平成 22 年 2 月
東京大学大学院教育学研究科
学校経営学研究室

《調査票に関するご質問について》

〒 113-0033　東京都文京区本郷 7-3-1
東京大学大学院教育学研究科
准教授　勝野正章
TEL ／ FAX　03-5841-3967
E-mail　mkatsuno@p.u-tokyo.ac.jp

資　料　第3章・第4章で用いた調査用紙　*185*

Q1　はじめに、あなた自身について伺います。以下の問いに対して、番号に○をつけるか、〔　　〕内にご記入下さい。

A.　学校名　　　　　　　　　〔　　　立　　　　　　学校〕（分析のためお聞きしますが、公表はいたしません）

B.　年齢　　　　　　　　　　〔満　　　歳〕（2010 年 1 月現在）

C.　性　　　　　　　　　　　〔　　　　　〕

D.　委員就任の年月　　　　　〔　　　年　　　月〕

E.　委嘱の経緯　　　　　　　学校に頼まれた／自分から手を上げた

F.　教職歴の有無　　　　　　無し／有り〔　　　年〕

G.　次のどれに当てはまりますか？（重複可）

管理職／教員／保護者／学識経験者／地域住民

H.　学校運営協議会内での役職　会長（あるいはそれに相当する役）／副会長（同左）／　その他〔具体的にお書き下さい：　　　　　　〕／特に無し

I.　会議にどのくらいの頻度で出席していますか？　　およそ〔　　　　　　〕割

Q2　次に、あなたが学校運営協議会に対してお感じのことを全般的に伺います。当てはまる選択肢の番号に○をつけてください。

	当てはまる	ある程度 当てはまる	あまり 当てはまらない	当てはまらない	学校運営協議会を 知らなかった
A.　もともと委員になりたいと思っていた	1	2	3	4	0

B.　実際に引き受けた理由

	当てはまる	ある程度 当てはまる	あまり 当てはまらない	当てはまらない
1.　卒業生だから	1	2	3	4
2.　子どもや孫がお世話になっているから	1	2	3	4
3.　校長に頼まれたから	1	2	3	4
4.　地域の有力者に頼まれたから	1	2	3	4

5. 名誉ある地位だと思ったから

　　　　　　　　…………………………… 1 ………… 2 ………… 3 ………… 4

6. 自らが所属する団体と学校との連携を強めようと思ったから

　　　　　　　　…………………………… 1 ………… 2 ………… 3 　　　　　4

7. 自らが所属する団体の考え・経験を学校運営に反映しようと思ったから

　　　　　　　　…………………………… 1 ………… 2 ………… 3 ………… 4

8. 自らのもつ経営的手腕をいかせると思ったから

　　　　　　　　…………………………… 1 ………… 2 ………… 3 ………… 4

9. 自らが持つ地域でのネットワークや経験をいかせると思ったから

　　　　　　　　…………………………… 1 ………… 2 ………… 3 ………… 4

10. 自らが持つ教育専門的知識や経験をいかせると思ったから

　　　　　　　　…………………………… 1 ………… 2 ………… 3 ………… 4

11. 学校教育や学校運営において解決したい問題があったから

　　　　　　　　…………………………… 1 ………… 2 ………… 3 ………… 4

　　　〔差し支えなければその問題の具体例をお書き下さい：　　　　　　　　　〕

12. 他の公職につくための良い経験になると思ったから

　　　　　　　　…………………………… 1 ………… 2 ………… 3 ………… 4

　　　〔差し支えなければその公職の具体例をお書き下さい：　　　　　　　　　〕

Q3　学校運営協議会で、あなたは自分の意見をどの程度反映させていますか。次の
　　それぞれで当てはまる選択肢の番号に○をつけて下さい。

	当てはまる	ある程度 当てはまる	あまり 当てはまらない	当てはまらない

A. 学校教育目標について意見を反映させている

　　　　　　　　…………………………… 1 ………… 2 ………… 3 ………… 4

B. 学校経営方針について意見を反映させている

　　　　　　　　…………………………… 1 ………… 2 ………… 3 ………… 4

C. 学校予算について意見を反映させている

　　　　　　　　…………………………… 1 ………… 2 ………… 3 ………… 4

D. 教育課程編成について意見を反映させている

　　　　　　…………………………　1 …………　2 …………　3 …………　4

E. 学校行事について意見を反映させている

　　　　　　…………………………　1 …………　2 …………　3 …………　4

F. 学校評価について意見を反映させている

　　　　　　…………………………　1 …………　2 …………　3 …………　4

G. 教員の資質向上について意見を反映させている

　　　　　　…………………………　1 …………　2 …………　3 …………　4

H. 教員の校内人事（校務分掌等）について意見を反映させている

　　　　　　…………………………　1 …………　2 …………　3 …………　4

I. 教員評価について意見を反映させている

　　　　　　…………………………　1 …………　2 …………　3 …………　4

J. 教員の任用について意見を反映させている

　　　　　　…………………………　1 …………　2 …………　3 …………　4

K. 授業改善のあり方について意見を反映させている

　　　　　　…………………………　1 …………　2 …………　3 …………　4

L. いじめや暴力行為への対応のあり方について、意見を反映させている

　　　　　　…………………………　1 …………　2 …………　3 …………　4

M. 登校を渋りがちな子どもへのサポートのあり方について意見を反映させている

　　　　　　…………………………　1 …………　2 …………　3 …………　4

N. 障がいを持つ子どもへのサポートのあり方について、意見を反映させている。

　　　　　　…………………………　1 …………　2 …………　3 …………　4

O. 地域人材の活用について意見を反映させている

　　　　　　…………………………　1 …………　2 …………　3 …………　4

P. 学校への注文・苦情への対応について意見を反映させている

　　　　　　…………………………　1 …………　2 …………　3 …………　4

Q. 地域の巻き込み方について意見を反映させている

　　　　　　…………………………　1 …………　2 …………　3 …………　4

R.　保護者の巻き込み方について意見を反映させている

　　　…………………………… 1 ………… 2 ………… 3 ………… 4

S.　家庭教育に関する保護者への意識啓発について意見を反映させている

　　　…………………………… 1 ………… 2 ………… 3 ………… 4

T.　学校に寄せられる苦情や注文への対応に意見を反映させている

　　　…………………………… 1 ………… 2 ………… 3 ………… 4

Q4　学校運営協議会の会議や、学校運営協議会の活動での あなたの行動 について、次のそれぞれで当てはまる選択肢の番号に○をつけて下さい。

協議会が行う活動について

	当てはまる	ある程度当てはまる	あまり当てはまらない	当てはまらない

A.　家庭教育に関する保護者への意識啓発に関わっている

　　　…………………………… 1 ………… 2 ………… 3 ………… 4

B.　下記のようなボランティア活動に関わっている

　　　環境整備 ………… 1 ………… 2 ………… 3 ………… 4

　　　安全確保 ………… 1 ………… 2 ………… 3 ………… 4

　　　授業支援 ………… 1 ………… 2 ………… 3 ………… 4

　　　放課後の居場所作り …… 1 ………… 2 ………… 3 ………… 4

　　　行事運営支援 ………… 1 ………… 2 ………… 3 ………… 4

　　　教職員の事務の補助 …… 1 ………… 2 ………… 3 ………… 4

C.　ボランティアの統括に関わっている

　　　…………………………… 1 ………… 2 ………… 3 ………… 4

D.　学校運営協議会の運営に関わっている

　　　会計の業務 ………… 1 ………… 2 ………… 3 ………… 4

　　　書記の業務 ………… 1 ………… 2 ………… 3 ………… 4

　　　学校運営協議会の広報業務 1 ………… 2 ………… 3 ………… 4

　　　地域運営学校の研究発表会の手伝い

　　　…………………………… 1 ………… 2 ………… 3 ………… 4

学校評価やアンケートの集計・入力業務

……………………… 1 ………… 2 ………… 3 ………… 4

E. 合同運動会やお祭りなど、行事の企画に関わっている

……………………… 1 ………… 2 ………… 3 ………… 4

F. 教育委員会に学校予算の増額を求める活動に関わっている

……………………… 1 ………… 2 ………… 3 ………… 4

G. 教育委員会に教員の増員を求める活動に関わっている

……………………… 1 ………… 2 ………… 3 ………… 4

協議会での会議について

H. 学校運営協議会の議題の設定に関わっている

……………………… 1 ………… 2 ………… 3 ………… 4

I. 学校運営協議会の会議で他人の意見と対立することがある

……………………… 1 ………… 2 ………… 3 ………… 4

J. 学校運営協議会の会議で意見を言うのを遠慮してしまう

……………………… 1 ………… 2 ………… 3 ………… 4

K. 学校運営協議会の会議で何を発言して良いかわからないことがある

……………………… 1 ………… 2 ………… 3 ………… 4

L. 学校運営協議会の会議で保護者・地域住民から受けた相談を取り上げる

……………………… 1 ………… 2 ………… 3 ………… 4

M. 学校運営協議会の会議で学校の提案や施策に反対する

……………………… 1 ………… 2 ………… 3 ………… 4

N. 学校運営協議会の会議で自らの発言が周りの委員の判断に影響を与える

……………………… 1 ………… 2 ………… 3 ………… 4

O. 学校運営協議会の会議で自由に意見を言えないと感じることがある

……………………… 1 ………… 2 ………… 3 ………… 4

Q5 次に、みなさんの情報や民意の収集について伺います。次のそれぞれで当てはまる選択肢の番号に○をつけて下さい。

A. 学校運営協議会委員として活動するにあたって、みなさんが属している学校に関わる次の 人物や団体 からの意見を聞いたりすることはどのくらい頻繁ですか。

	とても頻繁にしている	やや頻繁にしている	あまりしていない	まったくしていない
1. 管理職	1	2	3	4
2. 教員	1	2	3	4
3. 児童・生徒	1	2	3	4
4. 保護者	1	2	3	4
5. PTA の役員	1	2	3	4
6. PTA の元役員	1	2	3	4
7. 同窓会・後援会	1	2	3	4
8. 町内会・自治会	1	2	3	4
9. 地域の有力者	1	2	3	4
10. 学校の管理職・教員以外で専門知識を有する人物	1	2	3	4

B. 学校運営協議会委員として活動するにあたって、次の メディア に目を通すことはどのくらい頻繁ですか。

	とても頻繁にしている	やや頻繁にしている	あまりしていない	まったくしていない
1. 新聞	1	2	3	4
2. 学校からの広報・便り・通信	1	2	3	4
3. 自治体からの広報・便り・通信	1	2	3	4
4. 教育関連の本	1	2	3	4
5. 教育関連の雑誌（統合する？）	1	2	3	4
6. インターネット	1	2	3	4

C. 学校運営協議会の委員として、次の 研修・研究 にどのくらい参加しますか。

1. 自治体主催の研修・講演会……………………………………〔年　　　回〕

2. 学校運営協議会委員による自主研修…………………………〔年　　　回〕

3. 他の地域運営学校の研究発表会………………………………〔年　　　回〕

4. 他の地域運営学校への視察・照会……………………………〔年　　　回〕

　　特に参考になった学校名を具体的に3つまでお書き下さい

　　〔　　　　　　　　　〕〔　　　　　　　　　　　〕〔　　　　　　　　　　　〕

Q6　あなたは地域運営学校に指定されてから、学校や地域等にどのような成果が見られたとお考えですか。（当てはまる選択肢の番号に○をつけてください）。

	当てはまる	ある程度 当てはまる	あまり 当てはまらない	当てはまらない
A. 特色ある学校づくりが進んだ				
……………………	1	2	3	4
B. 学校が活性化した …………	1	2	3	4
C. 教育課程の改善・充実が図られた				
……………………	1	2	3	4
D. 園児・児童・生徒の学習意欲が高まった				
……………………	1	2	3	4
E. 園児・児童・生徒の学力が向上した				
……………………	1	2	3	4
F. いじめ問題が改善した ……	1	2	3	4
G. 不登校問題が改善した ……	1	2	3	4
H. 園児・児童・生徒同士のトラブルが減った				
……………………	1	2	3	4
I. 教職員の意識改革が進んだ …	1	2	3	4
J. 適切な教員人事がなされた …	1	2	3	4
K. 地域が学校に協力的になった				
……………………	1	2	3	4

L. 地域が学校の実態をよく理解するようになった

　　　……………………………… 1 ………… 2 ………… 3 ………… 4

M. 地域が教職員を信頼するようになった

　　　……………………………… 1 ………… 2 ………… 3 ………… 4

N. 地域の教育力が上がった … 1 ………… 2 ………… 3 ………… 4

O. 地域が活性化した ………… 1 ………… 2 ………… 3 ………… 4

P. 学校は地域に情報提供を積極的に行うようになった

　　　……………………………… 1 ………… 2 ………… 3 ………… 4

Q. 保護者が学校に協力的になった

　　　……………………………… 1 ………… 2 ………… 3 ………… 4

R. 保護者が学校の実態をよく理解するようになった

　　　……………………………… 1 ………… 2 ………… 3 ………… 4

S. 保護者が教職員を信頼するようになった

　　　……………………………… 1 ………… 2 ………… 3 ………… 4

T. 家庭の教育力が上がった

　　　……………………………… 1 ………… 2 ………… 3 ………… 4

Q7　以下の質問について、あなたのお考えをお示しください。(当てはまる選択肢の番号に○をつけてください)。

	当てはまる	ある程度 当てはまる	あまり 当てはまらない	当てはまらない

A. 学校運営協議会の仕事に満足している

　　　……………………………… 1 ………… 2 ………… 3 ………… 4

B. 学校運営協議会の仕事に喜びを感じる

　　　……………………………… 1 ………… 2 ………… 3 ………… 4

C. 学校運営協議会の仕事に誇りを感じる

　　　……………………………… 1 ………… 2 ………… 3 ………… 4

D. 学校運営協議会に行くのが楽しい

　　　……………………………… 1 ………… 2 ………… 3 ………… 4

資　料　第3章・第4章で用いた調査用紙　*193*

E.　学校運営協議会の仕事にやりがいを感じる

　　　……………………………　1　…………　2　…………　3　…………　4

F.　学校運営協議会の仕事に何の不満もない

　　　……………………………　1　…………　2　…………　3　…………　4

G.　この学校に必要なら、どんな仕事でも引き受ける

　　　……………………………　1　…………　2　…………　3　…………　4

H.　この学校の問題があたかも自分自身の問題であるかのように感じる

　　　……………………………　1　…………　2　…………　3　…………　4

I.　この学校の一員であることを誇りに思う

　　　……………………………　1　…………　2　…………　3　…………　4

J.　この学校のメンバーであることを強く意識している

　　　……………………………　1　…………　2　…………　3　…………　4

K.　この学校の人々に多くの義理を感じる

　　　……………………………　1　…………　2　…………　3　…………　4

L.　この学校に多くの恩義を感じる

　　　……………………………　1　…………　2　…………　3　…………　4

M.　この学校にできるだけ長く関わりたい

　　　……………………………　1　…………　2　…………　3　…………　4

Q8　あなたは、次に掲げる役職や組織を経験されたことがありますか。当てはまる
　　選択肢の番号すべてに○をつけてください。

今行っている ものの番号に○
をつけてください。

1.　PTA 会長
2.　PTA 副会長
3.　町内会役員
4.　おやじの会
5.　学校支援ボランティア
6.　青少年健全育成団体

過去に経験のある ものの番号に○をつけ
てください。

1.　PTA 会長
2.　PTA 副会長
3.　町内会役員
4.　おやじの会
5.　学校支援ボランティア
6.　青少年健全育成団体

（子ども育成会、青少年対策委員会など）　　（子ども育成会、青少年対策委員会など）

7．民生・児童委員　　　　　　　　　　　　　7．民生・児童委員

8．社会福祉協議会　　　　　　　　　　　　　8．社会福祉協議会

　　（福祉ボランティアの会）　　　　　　　　　（福祉ボランティアの会）

9．労働組合　　　　　　　　　　　　　　　　9．労働組合

10．業界団体・同業者団体　　　　　　　　　　10．業界団体・同業者団体

　　（具体的に　　　　　　　　　　）　　　　　（具体的に　　　　　　　　　　）

11．住民運動・市民運動グループ　　　　　　　11．住民運動・市民運動グループ

　　（具体的に　　　　　　　　　　）　　　　　（具体的に　　　　　　　　　　）

12．幼稚園教員・保育士　　　　　　　　　　　12．幼稚園教員・保育士

13．小学校教員　　　　　　　　　　　　　　　13．小学校教員

14．中学校教員　　　　　　　　　　　　　　　14．中学校教員

15．高等学校教員　　　　　　　　　　　　　　15．高等学校教員

16．学校長　　　　　　　　　　　　　　　　　16．学校長

17．大学教員　　　　　　　　　　　　　　　　17．大学教員

Q9　最後に差支えの無い範囲で、以下の問いの選択肢に○をつけるか、〔　　〕内
　　にお書き下さい。

A．現在のご職業、下記の選択肢から選び、番号に○をつけて下さい。

自営業主	1．農林漁業自営　　2．建設・工業自営　　3．製造業自営
	4．商業・サービス業自営（不動産業自営も含む）　　5．運輸・通信自営
家族従業者	6．家族従業者
勤め人	7．一般事務　　8．公務事務　　9．建設・労務・採掘作業者
	10．製造工員　　11．運転手　　12．修理工　　13．セールス
	14．理・美容師　　15．調理師
	16．看護師・医療職員（歯科衛生士、薬剤師）　　17．保育士
	18．販売員・店員　　19．保安職業（自衛官、警察官、消防士、守衛など）
	20．教員　　21．勤務医　　22．管理的職業（会社・団体役員、課長以上）
	23．その他の専門・技術職（新聞記者、設計・エンジニア）
	24．他の福祉職　　25．他のサービス業
自由業	26．開業医　　27．弁護士　　28．住職・宗教家
	29．その他の自由業（文筆業、音楽家、芸能家など）
パート・内職	30．パート・アルバイト・臨時　　31．内職
無職	32．専業主婦　　33．学生　　34．無職
その他	35．その他（　　　　　　）　　36．わかならい

資　料　第 3 章・第 4 章で用いた調査用紙　*195*

B.　世帯年収　200 万円未満／ 200 万円以上 400 万円未満／

400 万円以上 600 万円未満／

600 万円以上 800 万円未満／ 800 万円以上 1000 万円未満／

1000 万円以上 1500 万円未満／

1500 万円以上 2000 万円未満／ 2000 万円以上

C.　国政政党の支持

無し／有り　〔民主／社民／国民／自民／公明／共産／諸派〕

D.　最終学歴（最後に通われた学校の種類。中退を含みます）

中学校　／　高等学校　／　専修学校・各種学校　／

高等専門学校・短期大学　／　四年制大学　／　大学院

最後に、学校運営協議会についてお考えのことがありましたら、ご自由にお書きください。

ご協力ありがとうございました。

同封の封筒に入れ、3 月末日までにご返送下さい

あとがき

　本書は、平成24年3月に筑波大学より博士（教育学）の学位を授与された
「学校運営協議会の導入による学校教育の改善過程に関する研究」を若干の修
正の上、日本学術振興会平成26年度科学研究費補助金（研究成果公開促進費）
の交付を受けて刊行するものである。

　約10年前、修士論文のテーマを探すために雑誌『季刊教育法』の特集テー
マを眺めていた筆者は、保護者や地域住民が学校経営に参加する「学校運営協
議会」という新しい法制度に関心を持った。それまでのわずかな教職経験の中
で、保護者の学校への要望の強さを実感していたからである。

　学校運営協議会で実際に生じている事態を調べに行きたい筆者を制止し、卒
業論文で扱った教育基本法改正の研究を生かして「親の教育権」を理論的に考
察するよう指導してくださったのが、京都教育大学の当時の指導教員であった
堀内孜先生であった。修士論文執筆を通して学んだことは本書にはほとんど明
示されていないものの、筆者の考察の基礎には常に「親の教育権」論が念頭に
あった。卒業論文、修士論文の指導だけではない。研究者になれるとはまっ
たく思っていなかった筆者に対し筑波大学への進学を勧めていただいた意味で
も、本書は堀内先生のご指導がなければ存在し得なかった。

　修士論文の作成を通して、保護者は学校運営協議会などの制度を通じて、学
校経営に参加する権利を有していることが確認された。しかし、保護者の学校
経営参加が子どもにとって必ずしも有益な結果をもたらすとは限らない。この
ような問題関心のもと、進学した筑波大学では、学校運営協議会における保護
者の学校経営参加が子どもの学習にもたらす影響を、調査研究を通して明らか
にすることを試みた。だが、実際の学校運営協議会（B校）を観察してみる
と、保護者や地域住民は学校経営に彼らの意見を十分に反映させているように
は見えなかった。しかし、B校の学級を観察していると、子どもがよく育っ
ているように感じられた。B校の校長は、学校運営協議会を設置していること

と、子どもがよく育っていることに関連があると言う。いったい何が起きているのか、調査したての頃はまったく理解できなかった。だが、調査を進めるうちに、保護者や地域住民が学校経営に彼らの意見を反映させることとは異なるプロセスで子どもの学習の質が高められているのではないかと認識するに至ったのである。

　本書が提示している結論のほとんどは仮説であり、今後の研究で確認・修正されるべきものである。それでも本書を世に出す理由は、本書の批判的検討を通じて、学校経営参加研究を早期に進める必要があると考えたためである。また、実践の上でも、学校運営協議会を設置する際に、本書の知見がその運営の参考になるかもしれないと考えたからである。

　筑波大学では、調査の技法だけでなく、学校経営学を中心とした諸学問を存分に学ばせていただいた。学校経営学をほとんど理解していなかった筆者を快く迎え、厳しく鍛えてくださった学校経営学研究室および大塚学校経営研究会の当時の院生諸氏や先生方には、感謝してもしきれないほどである。

　また、筆者が直接所属していた共生教育学研究室は、その名の通りとても居心地の良い所であった。当時の院生諸氏とは時に有意義で愉快な研究上の議論をすることもできた。なかでも、博士論文の審査にあたってくださった庄司一子先生、浜田博文先生、岡本智周先生は、本書を執筆するにあたっての貴重で有益な助言を与えてくださった。

　筑波大学での直接の指導教員であった水本徳明先生からは、博士論文の指導のみならず、学問の面白さや奥深さ、研究者・教育者としての姿勢を大いに学ばせていただいた。水本先生からの直接の指導を受けることができたことは、筆者および本書にとってこの上ない幸運であった。

　また、当時、東京大学の大学院生であった仲田康一氏および武井哲郎氏と学校運営協議会を対象とした共同研究ができたことも、本書にとってはたいへんな幸運であった。この共同研究での議論を通して学んだことは本書の随所に生かされている。さらに、フィールドワークや質問紙調査で御協力いただいた学校の先生方や、学校運営協議会委員の方々にもたいへんお世話になった。

　何をするにも要領の悪い筆者が、稚拙ながらもこうして本書を書き上げる

ことができたのは、上記の通り、さまざまな方からの支援があったおかげである。この場を借りて、お世話になったすべての方々に深く謝意を表したい。

　最後に、大学教育出版の佐藤守氏には、編集の具体的作業をはじめ、終始お世話になった。ここに記して御礼を申し上げたい。

　平成 26 年 11 月

　　　　　　　　　　　　　　　　　　　　　　　　　　大林　正史

■著者紹介

大林　正史　（おおばやし　まさふみ）

2004 年　京都教育大学教育学部卒業
2007 年　京都教育大学大学院修士課程教育学研究科修了
2013 年　筑波大学大学院 3 年制博士課程人間総合科学研究科修了
　同　　博士（教育学）筑波大学
　同　　鳴門教育大学大学院学校教育研究科講師
　　　　現在に至る

学校運営協議会の導入による 学校教育の改善過程に関する研究

2015 年 1 月 25 日　初版第 1 刷発行

■著　　者───大林正史
■発 行 者───佐藤　守
■発 行 所───株式会社 大学教育出版
　　　　　　　〒 700-0953　岡山市南区西市 855-4
　　　　　　　電話（086）244-1268　FAX（086）246-0294
■印刷製本───モリモト印刷㈱

©Masafumi Obayashi 2015, Printed in Japan
検印省略　　落丁・乱丁本はお取り替えいたします。
本書のコピー・スキャン・デジタル化等の無断複製は著作権法上での例外を除き禁じられています。本書を代行業者等の第三者に依頼してスキャンやデジタル化することは、たとえ個人や家庭内での利用でも著作権法違反です。

ISBN978 - 4 - 86429 - 317 - 4